Carmen Maria Poller

Mull im Glück

Carmen Maria Poller

Mull im Glück

Motiviert und selbstbewusst ins Leben starten

Trainerverlag

Impressum/Imprint (nur für Deutschland/only for Germany)
Bibliografische Information der Deutschen Nationalbibliothek: Die Deutsche Nationalbibliothek verzeichnet diese Publikation in der Deutschen Nationalbibliografie; detaillierte bibliografische Daten sind im Internet über http://dnb.d-nb.de abrufbar.

Coverbild: www.ingimage.com

Verlag: Der Trainerverlag ist ein Imprint der
Südwestdeutscher Verlag für Hochschulschriften GmbH & Co. KG
Heinrich-Böcking-Str. 6-8, 66121 Saarbrücken, Deutschland
Telefon +49 681 37 20 271-1, Telefax +49 681 37 20 271-0
Email: info@verlag-trainer.de

Herstellung in Deutschland:
Schaltungsdienst Lange o.H.G., Berlin
Books on Demand GmbH, Norderstedt
Reha GmbH, Saarbrücken
Amazon Distribution GmbH, Leipzig
ISBN: 978-3-8417-5035-8

Imprint (only for USA, GB)
Bibliographic information published by the Deutsche Nationalbibliothek: The Deutsche Nationalbibliothek lists this publication in the Deutsche Nationalbibliografie; detailed bibliographic data are available in the Internet at http://dnb.d-nb.de.

Cover image: www.ingimage.com

Publisher: Trainerverlag
is an imprint of the publishing house
Südwestdeutscher Verlag für Hochschulschriften GmbH & Co. KG
Heinrich-Böcking-Str. 6-8, 66121 Saarbrücken, Deutschland
Phone +49 681 37 20 271-1, Fax +49 681 37 20 271-0
Email: info@verlag-trainer.de

Printed in the U.S.A.
Printed in the U.K. by (see last page)
ISBN: 978-3-8417-5035-8

Danke schön ...

Ich möchte mich bei meiner Tochter Alissa bedanken - für ihre Geduld beim Herumexperimentieren mit verschiedenen Persönlichkeitstests und Coaching-Modulen, für ihre Inspiration und ihren Wortwitz beim Philosophieren über das Leben und das Glück und für ihre Kreativität beim Design einer kleinen Figur:

Einem afrikanischen Nacktmull - hier ein Symbol für Mut und Glück.

Inhalt

Was ist eine Mulle? Und warum gibt es dieses Buch?

Für alle, die es nicht wissen: Die afrikanische Mulle ist ein kleines Nagetier, das nackt und blind in seinem Tunnelbau im Erdreich hockt. Eine Nacktmullkolonie ist organisiert wie ein Insektenstaat: Es gibt eine herrische Königin und viele treue Arbeiter und Soldaten. Weil es einen kleinen, faltigen und wurstförmigen Körper hat und vorn im Maul zwei kräftige Stoßzähne, wird das Tierchen auch von manch einem Wissenschaftler – teils gehässig, teils liebevoll – „Säbelzahnwürstchen" genannt.

Die Ureinwohner glauben, dass dieses kleine Säbelzahnwürstchen einen Zauber in sich trägt. Wenn es ein Nacktmull riskiert, bei Nacht seinen Bau zu verlassen, um benachbarte Kolonien zu entdecken, und dabei wild über den Ackerboden flitzt, dann bringt das Glück und eine reiche Ernte. Also, vergessen wir doch die hierzulande üblichen Glücksbringer, vom Marienkäfer bis zum Schwein, und versuchen es mit einem Säbelzahnwürstchen, oder korrekt ausgedrückt, mit einer Mulle. **Die Mulle ist eure persönliche Muse – eure Inspirationsquelle. Sie steht für Mut und für Glück.**

Manchmal kann es schon Glück bringen, einfach nur an einen Talisman, ein Glückssymbol oder an Magie zu glauben. Aber dieses Buch soll euch eher verleiten, das Glück in euch selbst zu finden. Der Nacktmull, der mutig seinen Bau verlässt, um neues und unbekanntes Terrain zu erforschen, sucht vielleicht auch sein Quäntchen Glück, in der Hoffnung auf ein weniger streng geregeltes Leben.

Die Psychologen und Persönlichkeitstrainer sprechen in diesem Zusammenhang gern von dem Mut, seine Komfortzone zu verlassen. Die Komfortzone ist da, wo wir uns wohlfühlen, Dinge uns leicht fallen und wir uns sicher und bequem bewegen können. Außerhalb dieser Komfortzone ist alles fremd, manchmal bedrohlich, oft jedoch auch verlockend und aufregend. Es sind Dinge, die wir gern hätten, die wir uns wünschen, wie zum Beispiel interessante Leute treffen, ein Musikinstrument erlernen, den Traumjob finden, singen, Motorrad fahren usw. Bleiben wir im gewohnten Umfeld, passiert nicht viel, nichts Schlechtes, nichts Gutes, ein bisschen langweilig, aber schön vertraut. Wenn wir die Grenze überschreiten und Neuland betreten, dann bedeutet das vielleicht Stress, aber vielleicht bekommen wir auch das, was wir uns wünschen. Auf jeden Fall geben wir dem Stein einen Stups und bringen die Sache ins Rollen. Also, bleib offen und neugierig, denn du bringst bereits durch das Lesen dieser Lektüre die Sache ins Rollen – dein ganz persönliches Ding. Während ich dieses Buch schreibe, weiß ich ganz genau, dass ich niemanden belehren oder bekehren möchte, auch mütterliche Ratschläge oder Klugscheißerei wirst du hier nicht finden. Du kommst auch keinem Geheimnis auf die Spur, wie du plötzlich superreich und superglücklich wirst. Und auf eine Garantie, dass alles besser wird und urplötzlich einfach funktioniert, darfst du auch nicht hoffen. Was du erwarten kannst? Hier und da ... ein stummes Nachdenken, Inspiration, ein Wachrütteln, einen Klick, einen Energieschub, Lust, Spaß und Mulle.

Für wen ist dieses Buch geschrieben?

Das Buch ist für junge Leute geschrieben, die irgendwo zwischen Pubertät, Schule, Studium, Ausbildung und eigener Wohnung stehen. Wenn du also schon 27 bist und das alles bereits hinter dich gebracht hast, gehörst du zwar nicht mehr ganz zur angedachten Zielgruppe, kannst jedoch in gleichem Maße profitieren wie deine jüngeren Kollegen.

Worum geht es?

Es geht um Glück und Sinn, Werte und Tugenden, Erfolg und Lebensqualität. Es geht darum, herauszufinden, wo du gerade stehst und wo du hinwillst. Es geht um Ziele, Wünsche und Visionen.

Warum gibt es dieses Buch?

Dieses Buch ist wichtig, weil DU wichtig bist. Ein junger Mensch, der sich auf den Weg macht, die Welt, das Leben und seine Möglichkeiten zu entdecken. Trotz Schnelllebigkeit und Oberflächlichkeit, trotz Arbeitslosigkeit und Wirtschaftskrise. In jungen Jahren wird der Grundstein gelegt, ein glückliches und erfülltes Leben führen zu können. Wenn hier gute Arbeit geleistet wurde, spart man später das Geld für den Psychotherapeuten, den individuellen Ernährungs- und Fitnesscoach, den Persönlichkeitstrainer, den Guru und den Heiler. Dieses Buch ist für DICH geschrieben und soll eine kleine Hilfe sein, bei der Aufgabe, den richtigen Beruf zu finden, der wahren Liebe zu begegnen und ein glückliches Leben zu führen. Es ist so eine Art moderne Bibel, der Coach für alle Fälle und ein bisschen „Mulle“ im rechten Augenblick.

Welche psychosozialen Sachkompetenzen zeichnen die Autorin aus, ein Buch über „Glück“ zu schreiben?

Ich hatte das Fach Psychologie in der Schule, ich engagiere mich für Jugendliche, ich habe jede Menge Bücher zu den Themen „Glück“ und „Positive Psychologie“ gelesen, ich habe für euch ein Seminar bei einem von Europas Top-Persönlichkeitstrainern mitgemacht, ich surfe und recherchiere im Internet, ich rede mit jungen Leuten, ich gehe meiner 18-jährigen Tochter auf den Geist, ich denke seit meinem 13. Lebensjahr über den Sinn des Lebens nach. Ich beschäftige mich seit vielen Jahren mit dem Glück – und, ich habe es gefunden! Nicht als Großes, nicht als Ganzes, nicht immer, aber immer öfter, in vielen Augenblicken, mit einer gewissen Beständigkeit. Das Beste aus meinem Erfahrungsschatz und meinen intuitiven Erkenntnissen habe ich gesammelt und aufgeschrieben.

Viel Spaß beim Lesen!

Den eigenen Weg finden

Da war ich nun – in einem schönen Hotel, ringsherum Natur pur – in Gesellschaft von mindestens 60 Seminargenossen und -genossinnen, gut gelaunt, neugierig und motiviert. Das bevorstehende Persönlichkeitstraining kostete umgerechnet genauso viel wie einst mein orangefarbener DAF mit Automatik – mein erstes Auto – kantig und eckig, extrem sicher und für Anfänger geeignet (Papa hatte es ausgesucht), und – nicht zu vergessen – vorwärts genauso schnell wie rückwärts.

Das bevorstehende Seminar startete mit einem Abendessen, bei dem sich die Teilnehmer ein wenig kennenlernen konnten. Es ergab sich eine flüchtige und angestrengte Konversation, so wie es in der Regel abläuft, wenn fremde Menschen aufeinandertreffen, die vorzugsweise nicht aneinander interessiert sind. Generell zeigt man sich erst einmal aufgeschlossen: „Wo kommst du denn her?“ oder „Machen Sie so etwas zum ersten Mal?“

Nach dem Essen folgte ein wenig Theorie. Wir konnten unseren durchtrainierten und dynamischen Erfolgstrainer in Augenschein nehmen und uns kurz mit der Frage beschäftigen, was uns davon abhält, das zu erreichen, was wir erreichen wollen. Unsere persönlichen Hemmschuhe sozusagen. Das Ding war schnell durch, wir wurden in fünf Gruppen aufgeteilt und sollten uns später in der Halle einfinden, um zu unserer ersten Outdoor-Erfahrung aufzubrechen. Also zog auch ich meine Turnschuhe an und die Regenjacke über, entsprechend dem Hinweis auf der Einladung zum Seminar. Ursprünglich hatte ich geglaubt, die Sportschuhe wären zum Joggen gedacht, aufgrund der späten Uhrzeit – mittlerweile nach 22.00 Uhr und überall stockdunkel – verfestigte sich jedoch der Eindruck, dass eine Nachtwanderung viel wahrscheinlicher war. Und so war es auch. Jede Gruppe hatte einen „Leader“ (Assistenten des Trainers), der wiederum hatte eine kleine Lampe und zusammen marschierte die bunt zusammengewürfelte Truppe in Richtung Wald.

Wir spazierten, leicht aufgeregt und freudig plappernd, den holperigen Waldweg entlang. Ich hatte wirklich überhaupt gar keine Ahnung, was mich jetzt im Wald erwarten würde, bemerkte jedoch schon eine aufsteigende Unlust. Lieber wäre ich im Hotel geblieben und hätte bei einem gepflegten Bierchen geplaudert, aber mir war klar, ich musste raus aus meiner Komfortzone, mich offen zeigen für tief greifende Veränderungen.

Ich war noch nie nachts im Wald gewesen, man sieht die Hand vor Augen kaum und zittert leicht, wenn die feuchte Kälte an einem hochkriecht. Schließlich kamen wir zu einer Lichtung, einer kleinen Wiese, auf der abgehackte Bäume als traurige Einmeterstümpfe aus dem feuchten Boden ragten. Der Trainer versammelte alle um sich und verkündete verheißungsvoll unsere erste Aufgabe: Jede Gruppe bleibt für sich und stellt sich in die Nähe eines Baumstumpfs. Die Gruppe bildet einen Kreis, und der Reihe nach stellt sich jedes Teammitglied in die Mitte des Kreises und erzählt, was ihn oder sie belastet oder hemmt, oder er/sie verändert haben möchte. Dann stellen die anderen Teilnehmer Fragen zu der beschriebenen Situation und der/die in der Mitte antwortet. Es wird ausdrücklich darauf hingewiesen, dass keine Ratschläge oder Tipps zur Veränderung gegeben werden sollen.

Wenn ausreichend gefragt worden ist, und der Teilnehmer zu der Ansicht kommt, sein Problem angehen oder gar beseitigen zu können, sagt er dann auf eine letzte Frage: **„Ja, ich schaffe das!“** Daraufhin ruft die Gruppe im Chor: **„Du schaffst das!“** und dann **„Wir schaffen das!“** Das Ganze noch mal: **„Ich schaffe das!“** Dann wir: **„Du schaffst das!“ – „Wir schaffen das!“** Und noch mal: **„Ich schaffe das!“ – „Du schaffst das!“ – „Wir schaffen das!“** Danach bekommt „Schweinchen in der Mitte“ einen freundschaftlichen Klaps auf die Schulter oder wird lieb gedrückt und mit den Worten **„Du schaffst das!“** in seine Mutprobe entlassen. Und diese sah folgendermaßen aus: Mithilfe eines Teamkollegen musste man auf den Baumstumpf rauf, die Arme vor der Brust verschränken und sich vertrauensvoll nach hinten fallen lassen – in ein festes Ledertuch, das mit genügend Spannung von den anderen gehalten wurde. Vorher noch ein „Bist du bereit?“ und **„Du schaffst das!“** und dann Augen zu und durch, oder in diesem Fall besser „Augen zu und ab“. Danach wurde man noch ein wenig im Tuch geschaukelt, und anschließend wieder gelobt und gedrückt.

Ich war in der Zwischenzeit steif gefroren und hatte in der Dunkelheit Schwierigkeiten, meine Teamgenossen alle wiederzuerkennen. Das Spielchen nahm seinen Anfang und ich spürte eine immer stärker in mir aufsteigende Abwehr. Denn eins war klar: Ich wollte dieses Spiel nicht spielen. Auch meinem Nachbarn war eine gewisse Verkrampftheit anzumerken, als er mühsam versuchte, sein persönliches Problem zu erfinden. Nach und nach stieg jeder in die Mitte, mit den unterschiedlichsten Problematiken, „Ich kann nicht NEIN sagen!“ , „Ich habe zu wenig Zeit!“, „Ich schaffe es nicht, regelmäßig Sport zu treiben!“ Regelmäßig Sport? Das ist natürlich ein RIESENPROBLEM, dachte ich bei mir, hab ich ja NOCH NIE gehabt! Zweimal die Woche sollte man auf jeden Fall was Sportliches machen und es durchziehen ... **„Ich schaffe das!“ – „Du schaffst das!“ – „Wir schaffen das!“** ... mutig kletterte die Teilnehmerin auf den Stumpf und ließ sich unerschrocken zurückfallen.

Ich hatte beschlossen, es nicht zu tun. Da konnte ich direkt das NEINSAGEN mal üben. Ich fand die gesamte Situation ungemütlich, albern und peinlich. Ich fühlte mich (ohne dass ich es je probiert hätte) wie in einer dieser verzweifelten Selbsthilfegruppen, wobei es in meinem Fall nicht mehr möglich war, die Gesichter der „im gleichen Boot Sitzenden“ zu sehen. Ich konnte nur noch vage Umrisse erkennen, was nicht weiter tragisch war, denn ich kannte die Leute ja sowieso nicht. Es war weder mein Ding, einer Horde Fremder mein Herz auszuschütten, noch überkam mich die Lust, von ihnen aufgefangen zu werden. Irgendwann nach Mitternacht stolperten wir dann zurück zum Hotel.

Ich möchte nicht unerwähnt lassen, dass im Lauf des Seminars noch einige Anregungen geboten wurden, mit denen ich deutlich mehr anfangen konnte. Diese kleine Showeinlage war es jedoch nicht! Ein Gefühl, dass ich mit einigen anderen teilte, die allerdings nicht den Mut hatten, es zu lassen, bzw. genug Gleichmut, um es einfach zu machen. Am Ende zählt nur das Ergebnis, und es gab auch Teilnehmer, die hellauf begeistert waren von dieser Aktion. Sie haben gesagt, sie hätten noch nie so offen über persönliche Dinge gesprochen, und dass es ihnen leicht gefallen wäre, sich der Gruppe zu öffnen. Sie haben den inneren Widerstand durchbrochen und vertrauensvoll und mutig neues Verhalten ausprobiert. Sie hatten ein körperliches Erlebnis mit ihren Teamkameraden, während andere einen Gruppenzwang verspürten, der sie zu einer albernen Mutprobe trieb.

Manch ein Psychologe und Persönlichkeitstrainer geht davon aus, dass Lernen viel stärker auf körperlicher Erfahrung als auf geistigem Lernen basiert. Um es mit eigenen Worten auszudrücken: Wenn du die Steifheit deines Körpers brichst, dann knackst du auch sämtliche geistige und seelische Hemmschwellen erbarmungslos.

Also, rauf auf die Achterbahn oder die Nordwand und runter von der Brücke oder ab in die Tiefe. Was auch immer: Es lohnt sich, zu überprüfen, was wirklich sinnvoll ist. Jeden Menschen gibt es, in seiner individuellen Beschaffenheit, mit den Feinheiten seiner Seele und den Facetten seiner Persönlichkeit, genau ein einziges Mal auf dieser Welt. Was für den einen sinnvoll ist, ist es für den anderen noch lange nicht. Es ist ein Zeichen von Reife und Selbstbewusstsein, nicht auf jeden Zug aufzuspringen und jedem aktuellen Trend zu verfallen. Wir können frei wählen und ohne Beeinflussung und Zwang überlegen, abwägen und entscheiden.

„Sieh das Ganze wie ein Büfett: Nimm hier ein bisschen und da ein bisschen weg, nur das, was du auch wirklich haben willst!"

Das waren die Worte meines Trainers, die ich guten Gewissens an euch weitergeben kann. Es gibt in dem vorliegenden Buch außerdem Anregungen, psychologische Ansätze, Sprüche, Zitate, Theorien usw. von den unterschiedlichsten Fachleuten, die sich in den großen Gebieten der Glücksforschung, Selbst- und Lebensoptimierung auskennen.

Es ist einfach nur ein Angebot. Ein Angebot an Ideen, Vorschlägen und Weisheiten. Seite für Seite gibt es kleine Appetithäppchen, die Lust auf mehr Genuss machen.

Lebensgenuss! Greif zu und nimm dir einfach die leckeren Sachen!

Wake-up 1

Stärke DEINE Stärken!

„Build what's strong – fix what's wrong".

Zu Deutsch: „Baue auf, was stark ist – bringe in Ordnung, was falsch ist." Man kann hier natürlich auch sagen: Es ist besser, seine Stärken zu stärken, statt an seinen Schwächen zu arbeiten. Schwächen sollten geregelt oder gemanagt, oder, wenn möglich, gar nicht weiter beachtet werden und nicht notwendigerweise zum Einsatz kommen müssen. Dieser Optimierungsansatz, der besonders auf beruflicher Ebene eine entscheidende Rolle spielen kann, findet seinen Ursprung wie weitere folgende Erkenntnisse in der „Positiven Psychologie".

Der Pionier auf dem Gebiet der Positiven Psychologie ist Martin Seligman, Präsident der American Psychological Association an der Universität von Pennsylvania. Die Positive Psychologie beschäftigt sich mit der Frage: Wie kann ich meine Persönlichkeit/mein Leben optimieren und meine Lebensqualität verbessern? Was kann ich tun, damit ich und andere Menschen glücklicher sind? Ziel ist die Erhaltung der Lebensfreude, Achtsamkeit, Kreativität, Neugierde und des Selbstvertrauens.

Da Erfolg und Lebensglück eng miteinander verknüpft sind, ist es sinnvoll, die eigenen Stärken, Neigungen, Fähigkeiten und Talente herauszufinden. Was kannst du besonders gut? Kennst du deine Stärken? Wenn das der Fall sein sollte, ist es durchaus sinnvoll, sie einfach einmal aufzuschreiben und genau zu überlegen, ob du sicher bist oder vielleicht etwas vergessen hast. Für alle, die jetzt sagen: „Ich habe eigentlich gar keine richtigen Stärken! Nichts kann ich richtig gut!", empfiehlt sich einer der vielen Stärkentests (siehe Anhang), die unter anderem im Internet auf den Seiten verschiedener renommierter Trainer zu finden sind. Eine intensive Selbstanalyse und das Sammeln von Fremdeindrücken helfen dir dabei, dich und deine Stärken zu entdecken.

Eltern, Bruder, Schwester, Freunde, Lehrer, Trainer, Nachbarn und andere ... wenn du dich traust, lohnt es sich, diese Menschen einfach mal nach deinen Stärken zu fragen: „Hey, du kennst mich doch auch schon ewig! Was denkst du, wo ich meine Stärken habe? Was kann ich besonders gut? Wo lohnt es sich, weiter oder intensiver dran zu arbeiten?"

Du und deine Stärken

Stärken können **Hobbys** sein: tanzen, malen, singen, Rad fahren, Ski laufen, fotografieren, Fußball spielen, schwimmen, töpfern, nähen, reiten, Tennis spielen, schauspielern, Gitarre spielen, Klavier spielen, trommeln ... und **Schulfächer oder Interessengebiete**: Mathe, Deutsch, Physik, Chemie, Biologie, Religion, Sprachen, Philosophie, Geschichte, Erdkunde, Politik, Psychologie, Pädagogik, Soziologie, Menschen, Medizin, Kunstgeschichte, Sport, Kunst, Musik, Theater, Film- und Fernsehen, Handwerk, Industrie, fremde Länder und Kulturen, Reisen, Medien, Informatik, Zukunftsforschung, Raumfahrt, Soziales, Umwelt ... und **Vorlieben und Leidenschaften**: lesen, schreiben, dichten, zeichnen, erfinden, Computer spielen, basteln, programmieren, reparieren, bauen, werkeln, kochen, backen, dekorieren, Witze erzählen, Akrobatik, turnen, Pantomime, unterrichten, organisieren, diskutieren, sammeln ... und **Persönlichkeit und Charaktereigenschaften**: gut zuhören, lustige Gesichter ziehen, überzeugen, verkaufen, mitweinen, zum Lachen bringen oder Vertrauen erwecken können, Gerechtigkeitssinn, Mitgefühl, Empathie, Mut, Zuverlässigkeit, Loyalität, Hilfsbereitschaft, Ehrgeiz, Geduld, Hartnäckigkeit, Durchsetzungsvermögen, Verantwortungsbereitschaft, visuelle Vorstellungskraft, Fantasie, Kreativität ... und so weiter.

„Stärken stärken" bedeutet: Wenn meine Stärken zum Beispiel die Sprache und das Sprechen sind, werde ich alles tun, um diese Fähigkeiten weiter auszubauen und zu trainieren. Sprechtraining, Rhetorikkurse, Referate, Moderationen, Schauspielunterricht, Körpersprache, Menschen unterhalten, begeistern, überzeugen ... Berufe ins Auge fassen wie zum Beispiel Lehrer, Moderator, Theologe, Verkäufer, Nachrichtensprecher, Trainer ...

„Schwächen regeln" bedeutet: Wenn ich nicht gut turnen kann und auch sonst unsportlich bin, ist es Quatsch, aus mir einen Berufssportler oder einen Olympiasieger machen zu wollen. (Ein bisschen Sport kann natürlich nicht schaden, denn Fitness und Beweglichkeit können dir zu einer besseren Ausstrahlung verhelfen.) Nehmen wir an, meine Schwäche ist das Kochen. Was ich auch rühre, backe und brutzle – ständig ist alles zu salzig, kocht über und brennt an. Ich habe kein Gefühl für die richtige Menge und die richtige Zeit, und der Umgang mit rohen Lebensmitteln ist auch nicht mein Ding. Dann wäre es hilfreich, diese Schwäche ein bisschen in Ordnung zu bringen. Ich kann lernen, einfache Gerichte zuzubereiten. Ich kann mich bei Eltern und Freunden zum Essen einladen, Dönerbuden aufsuchen oder in guten Restaurants speisen. Und ich kann bei der Wahl des richtigen Partners darauf achten, dass er oder sie gern den Kochlöffel schwingt.

Flow

Wer seine Schwächen zu optimieren versucht, kann als Ergebnis höchstens Mittelmäßigkeit feststellen. Wer jedoch seine Stärken lebt, gleichgültig ob privat oder beruflich – wichtig ist nur, dass das Umfeld sich eignet, um die eigenen Stärken zum Ausdruck zu bringen –, wird eine glückliche und erfüllte Zeit erleben. Er wird nicht nur große Erfolge erzielen können, nein, wenn er Mulle hat, stellt sich bei ihm sogar „Flow“ ein. Der Begriff „Flow“ (englisch für „fließen, rinnen, strömen“) beschreibt (laut Wikipedia) das Sich-Vergessen in einer Tätigkeit und das Gefühl, völlig in dem, was man tut, aufzugehen. Der Psychologe Mihaly Csikszentmihalyi hat diesen Begriff geprägt, der anders zu bewerten ist als ein „Kick“ (Nervenkitzel), also nicht nur ein kurzer und hoch aufgeputschter Erregungszustand, sondern eine länger andauernde Euphorie.

Uns ist allen klar, dass es sich bei diesem Zustand wohl um einen Idealzustand handeln muss, der beim richtigen Einsatz der eigenen Stärken durchaus erreichbar ist. Wir haben schon eine Menge erreicht, wenn wir uns nicht überfordert fühlen. In der ständigen Angst zu leben, den Ansprüchen nicht gerecht zu werden und zu versagen, ist ein schreckliches Gefühl. Wir sind auch auf einem guten Weg, wenn wir uns nicht unterfordert fühlen. Denn Unterforderung und Zurückhaltung von Fähigkeiten und Kapazitäten bedeuten schlichtweg pure Langeweile und die kann auf Dauer genauso krank machen wie das Gegenteil.

Der deutsche Außenminister Guido Westerwelle sagte in einem Interview einmal sinngemäß, dass man, wenn man das, was man macht, gern tut, nie arbeiten muss! Wahrscheinlich ist Guido in einem Dauerflow, aber wir wollen Anflüge von Neid und Missgunst unterdrücken, um konstruktiv nach vorn zu blicken, die eigenen Stärken ausfindig zu machen, sie entschlossen zu optimieren und beharrlich zur Zielfindung einzusetzen.

Talk mit Mull

Wake-up 1 „Stärke DEINE Stärken!“

Ich: „Ich weiß nicht, ob ich irgendetwas gut kann!“

Mull: „Klar kannst du! Überleg doch mal, was du früher schon gut konntest! Oder was dir echt Spaß macht! Was du schnell lernst! Was dein Interesse weckt! Was dir leicht fällt! Wo du die Zeit nicht spürst!“

Ich: „Früher? Ich mochte Fußball spielen, malen, schreiben und anderen Leuten gute Ratschläge geben.“

Mull: „Siehst du, es ist gar nicht schwer, etwas zu finden, das du wirklich gern machst!“

Ich: „Aber gern heißt ja nicht gut!“

Mull: „Wenn du etwas gern machst, dann wirst du es irgendwann auch gut machen! Das liegt daran, dass du die Dinge immer wieder und immer besser machen willst!“

Ich: „Wie mache ich das denn?“

Mull: „Eine Stärke ist nicht nur etwas, was du kannst, sondern auch was du willst! Du musst dich fragen: Wie viel Wissen und Können habe ich? Und du musst dich fragen, wie du dein Wissen erweitern und wie du dein Können perfektionieren kannst!“

Ich: „Was heißt das? Muss ich etwa meinen Arsch hochkriegen und büffeln?“

Mull: „Wenn du gern Fußball spielst, dann reicht es nicht, ab und zu mal mit ein paar Freunden zu kicken. Es ist besser, deine STÄRKEN zu STÄRKEN, indem du deinen Körper gezielt trainierst, Muskelaufbau und Kondition verbesserst, indem du deine Techniken verfeinerst, indem du dich auf einen versierten Trainer verlässt, indem du regelmäßig dein Können auf die Probe stellst und an offiziellen Spielen teilnimmst! BUILD WHAT'S STRONG bedeutet auch: lernen und Disziplin!”

Ich: „Das hört sich anstrengend an!"

Mull: „Ist es aber nicht! Es ist ganz einfach! Liebe das, was du tust! Packe alle Aufgaben stets mit großer Freude an! Und du musst einen Erfolgsfilm im Kopf haben!"

Ich: „Einen Erfolgsfilm? Was soll das denn bedeuten?"

Mull: „Das sind deine ganz persönlichen Ziele und Visionen. Sie motivieren dich auf deinem Weg zum Erfolg, aber dazu kommen wir später!"

Ich: „Was ist mit meinen Schwächen? Ich hasse Zahlen. Ich hasse Mathe!"

Mull: „Dann ist es besser, du suchst dir keinen Job in der Bank oder an der Börse!" Obwohl ... Mathe nicht zu mögen heißt nicht automatisch, den Umgang mit Geld nicht zu lieben."

Ich: „Ich habe gern Geld in der Tasche, aber ich kann mich nicht den ganzen Tag damit beschäftigen. Aber mit Mathe muss ich mich ja abplagen, zumindest bis ich die Prüfung geschafft habe."

Mull: „Das Leben ist kein Wunschkonzert! Du kannst sicher eine wohl dosierte Menge Energie für Mathe aufbringen, damit du deine Prüfung schaffst. Es ist aber Zeitverschwendung, alle kostbaren Energien in das Verbessern deiner Schwächen zu investieren. Du wirst durchschnittlich gut Mathe können, aber zum Profi wirst du auf diesem Gebiet wahrscheinlich nicht werden!"

Ich: „Zeitverschwendung?"

Mull: „Wenn deine Stärke das Schreiben ist, dann setz den größten Teil deiner Energie in den Umgang mit Sprache und Schrift! Sei kreativ, lern Synonyme, blättre im Duden, lies Literatur – Lyrik oder Belletristik –, schreib kleine Essays und nimm an Schreibwettbewerben teil! Tu was! Stärke deine Stärken!"

Ich: „Und was ist mit Mathe?"

Mull: „FIX WHAT'S WRONG ... bringe in Ordnung, was falsch ist, oder FORGET IT! Du kannst deine Schwächen verbessern, vielleicht lernst du mit einem Partner oder du nimmst Nachhilfe. Wenn deine Zeit gekommen ist und wenn du kannst, dann hör auf damit!"

Ich: „Gute Idee! Ich werde zuerst meine Stärken herausfinden und dann werde ich sie sortieren. Die wichtigste oder stärkste Stärke, oder die wichtigsten zwei oder drei oder mehr, werde ich weiter ausbauen!"

Mull: „Die Persönlichkeit eines Menschen wächst durch den Ausbau seiner Stärken! Es ist gut, stark und unbeirrbar seinen Weg zu gehen!"

Ich: „Das ist wahr. Es gibt viele Leute, manchmal auch die Eltern, die nur ihre eigenen Vorstellungen verwirklicht sehen wollen. Sie schauen nicht richtig hin, oder sie wollen es nicht sehen!"

Mull: „Wichtig ist nur, dass du deine Stärken erkennst und deinen Leidenschaften folgst. Vielen Menschen ist das erst zu einem späteren Zeitpunkt gelungen. Denk nur an unsere Bundeskanzlerin, Frau Merkel, die eigentlich Physikerin ist. Oder den Kabarettisten Eckart von Hirschhausen, der eigentlich Mediziner ist. Kennst du seine Pinguingeschichte?"

Ich: „Pinguingeschichte?"

Mull: „Ich liebe seine Pinguingeschichte ... er erzählt, dass er mal in einem Zoo war und auf einem Felsen sah er einen Pinguin stehen. Er hatte Mitleid mit dem Pinguin, denn er fragte sich: Wo hat der arme Kerl nur seine Taille? Und vor allem: Hat der liebe Gott bei ihm die Knie vergessen? Nach intensiver Beschau kam er zu folgendem Urteil: FEHLKONSTRUKTION!

Später sah er noch mal durch die Glasscheibe in das Schwimmbecken der Pinguine. Und da sprang gerade sein Pinguin ins Wasser und schwamm direkt vor seinem Gesicht vorbei. Und er dachte: ‚Wer je einen Pinguin unter Wasser gesehen hat, dem fällt nix mehr ein! Ein Pinguin ist zehnmal windschnittiger als ein Porsche! Mit einem Liter Sprit käme er umgerechnet über 2.500 Kilometer weit! Er ist ein hervorragender Schwimmer, Jäger und

Wassertänzer!' Pinguine sind mit Sicherheit KEINE FEHLKONSTRUKTION! Von Hirschhausen sagt, dass wir alle unsere Stärken haben. Viele strengen sich ewig an, Macken auszubügeln. Verbessert man seine Schwächen, wird man maximal mittelmäßig. Stärkt man seine Stärken, wird man einzigartig. Und wer nicht so ist wie die anderen, den kann ich trösten: Andere gibt es schon genug! Menschen ändern sich nur selten komplett und grundsätzlich. Wenn du als Pinguin geboren wurdest, machen auch sieben Jahre Psychotherapie aus dir keine Giraffe. Also, nicht lang hadern: Bleib als Pinguin nicht in der Steppe. Mach kleine Schritte und finde dein Wasser. Und dann: **Spring! Und schwimm! Und du wirst wissen, wie es ist, in deinem Element zu sein!**"

Ich: „Eine schöne Geschichte! Also, wenn ich das richtig verstehe, geht es nicht nur darum, meine Stärken weiter auszubauen, ich muss auch mein Umfeld kritisch betrachten und daraus meine Schlüsse ziehen. Vielleicht bin ich nicht am richtigen Ort, auf dem richtigen Platz oder in Gesellschaft der richtigen Leute?"

Mull: „Genau so ist das! Erst einmal musst du deine Stärken entdecken. Überleg dir ganz genau, was dich begeistert und motiviert und dir leichter fällt als anderen. Dann reicherst du deine Stärken mit Wissen und Können an:

PIMP YOUR TALENTS!

Was das passende Umfeld ist, wird dir dann ganz automatisch klar, und welche Leute dir guttun auf deinem Weg, wirst du auch ganz selbstverständlich erkennen. Es sind Menschen, die dich unterstützen, die zu dir halten, die sich ebenfalls motiviert und gut gelaunt ans Werk machen, die an dich glauben und mit Freude deine Visionen teilen. Halt dich lieber fern von Miesepetern, Runterziehern, Gelangweilten, Neidern, Frustrierten, Spießern, Engstirnigen, Schlechtgelaunten, Depris, Suizidgefährdeten, Gefühlskalten, hohlen Birnen und trüben Rüben. Hör nicht hin, wenn einer sagt: „Das geht doch nicht!" oder „Das schaffst du sowieso nicht!" Wenn du von deinen Stärken überzeugt bist, dann geh unbeirrbar deinen Weg!"

Ich: „Das hört sich nach eine großen Portion Selbstbewusstsein an!"

Mull: „Ein gesundes Selbstwertgefühl ist der Schlüssel zu mehr Erfolg und Lebensglück!

Es gibt so viele Menschen, die einen Beruf gewählt haben, der nicht zu ihnen passt. Sie erledigen gelangweilt und schwerfällig ihren Job. Das Leben kann dann fade und traurig sein. Einige quälen sich viele Jahre und wissen leider nicht, wie sie den schlechten Film, der sich in ihrem Leben abspielt, abschalten können."

Ich: „Das hört sich übel an."

Mull: „Ist es auch. Ich kenne einen Lehrer, der psychosomatisch erkrankt ist, weil er den Stress im Umgang mit seinen Schülern nicht ertragen konnte. Viel zu spät ist ihm die Erkenntnis gekommen, dass Durchsetzungsvermögen und Führungsqualitäten nicht zu seinen Stärken gehören. Ich kenne auch einen Geschäftsführer, der große Personalverantwortung trägt, Großkunden betreut und für die Effizienz- und Profitsteigerung verantwortlich ist. Seine Eltern haben ihn schon früh zu einem Wirtschaftsstudium verleitet. Er hatte nie Gelegenheit, darüber nachzudenken, was er gut kann und was ihm Freude macht. Er ist auf Erfolg programmiert. Seinen Job erledigt er ohne Emotion. Er ist sehr unglücklich!"

Ich: „Ich finde es schwer, mich selbst zu beurteilen. Als Kind haben mich bestimmt auch meine Eltern beeinflusst."

Mull: „Na, klar! Und wenn sie es gut gemacht haben, dann haben sie deine Talente und Stärken erkannt und gefördert und tun es immer noch. Wenn es nicht so gut läuft, dann projizieren deine Eltern nur ihre eigenen Wünsche und Vorstellungen auf dich. Doch schlimmstenfalls interessieren sie sich überhaupt nicht für dich und dein Leben. Wenn das bei dir der Fall ist, dann nimm dir besonders viel Zeit für dich und deine Selbstanalyse. Du kannst auch Freunde oder andere Vertraute befragen."

Ich: „Ich denke, das mache ich. Das ist eigentlich eine gute Idee!"

Mull: „EIGENTLICH? Willst du nicht diese Wörter und Ausdrücke wie „eigentlich" oder „ich denke" oder „vielleicht" oder „ein bisschen" oder „ich glaube" aus deinem Wortschatz streichen? Dann klingst du viel entschlossener und selbstbewusster. Nicht nur für die anderen Menschen, vor allem auch für dich selbst. Denn es handelt sich hier um deine innere Stimme, die mit den richtigen Worten deine Persönlichkeit stärken kann. Diese

Wischiwaschiwörter machen dich nur klein, reduzieren deine Fähigkeiten, machen dich zögerlich und ängstlich!"

Ich: „Okay! Es ist eine gute Idee und ich werde die Sache angehen! Und außerdem spiele ich ja ziemlich gut Fußball und das Schreiben fällt mir eigentlich auch relativ leicht!"

Mull: „Jetzt ist aber Schluss mit lustig! Deine Stärken sind: Fußballspielen und Schreiben! Und basta! Bitte, vergiss diese Wischiwaschiwörter. Bitte kein „ziemlich", kein „eigentlich" und kein „relativ" mehr.

Ich: „Oh, oh, ich glaube, ich muss an meinem Selbstbewusstsein arbeiten!"

Mull: „Mach dir darüber keine Gedanken. Das kriegen wir schon noch hin. In dir ruhen noch einige Stärken und du wirst deine Lebenspräferenzen deutlich vor Augen sehen. Der erste Schritt ist, dass du dich frei machst von allen negativen Botschaften, die dir andere Menschen mit auf deinen Weg gegeben haben. Zum Beispiel:
Was kannst du schon? Sei still! Das tut man nicht! Das schaffst du nie!"

Ich: „Ja, genau: Mach dies! Und mach das! Tu dieses nicht! Sei vorsichtig! Du bist faul! Sei nicht so frech! Bist du so blöd?"

Mull: „Egal, ob du dir deiner Stärken schon immer bewusst warst oder ob du sie jetzt neu entdeckt hast – wenn du sie stärken willst, dann dürfen solche Sprüche keine Wirkung mehr zeigen. Die sind pures Gift für dich!"

Ich: „Das ist ganz schön Arbeit, sich mit sich selbst zu beschäftigen!"

Mull: „Das ist wahr! Doch bedenke: So wie du gesät hast, wirst du ernten. Und du wirst reich ernten, wenn du dir Zeit für deine Wurzeln und deine Selbstanalyse nimmst. Es gibt natürlich auch positive Botschaften, die sind pure Energie für dich!"

Das hast du klasse gemacht!

Ich bin mächtig stolz auf dich!

Du bist eine tolle Persönlichkeit!

Du hast großes Potenzial in dir!

Kompliment! Hut ab! Alle Achtung!

Ich: „Hey, das geht runter wie Honig!"

Mull: „Wenn du also jetzt über deine Stärken nachdenkst, dann versuche, die Antworten auf drei Fragen zu finden:

1. *Es gibt einen tollen Job! Warum bist du die beste Wahl?*
2. *Was schätzen deine Freunde oder deine Familie an dir besonders?*
3. *Es gibt ein tolles Mädchen/einen klasse Typen! Warum bist du der Traumpartner?"*

Ich: „Okay, also nicht nur Dinge, die ich gut kann, sondern auch Persönlichkeitsmerkmale und Charaktereigenschaften?!"

Mull: „Ganz genau! Deine persönlichen Stärken. Mut, Neugierde, Interesse, Lerneifer, Menschenführung, Verantwortungsbewusstsein, Elan, Leidenschaft, Leichtigkeit, Humor, Optimismus, Klugheit, Fairness, Loyalität, Teamwork, Fantasie, Treue ... um nur einige zu nennen ... und bitte alles aufschreiben!"

Ich: „Bin schon dabei!"

Mull: „Glück bedeutet auch, das zu tun, was man tun möchte!"

Ich: „Ja, wenn ich meine Stärken kenne und weiß, was ich möchte ..."

Mull: „... dann kannst du endlich anfangen, das zu tun, was du wirklich willst!"

Aufschreiben ist ein hilfreiches Werkzeug, wenn es darum geht, sich die wichtigen Dinge ins Bewusstsein zu rufen!

Wenn du Lust hast, kannst du auf der folgenden Seite deine Stärken aufschreiben. Nimm dir ein bisschen Zeit für die Selbstanalyse. Geh gedanklich tief in dich hinein, und schreib deine Charakterstärken, deine sonstigen Stärken und Talente und deine Interessen und Leidenschaften auf.

Wenn du dir nicht sicher bist, was du gut kannst, sprich mit den Menschen, die dich gut kennen und deren Meinung dir wichtig ist. Du kannst auch einen Stärkentest machen, den du unter „Tipps“ im Anhang des Literaturverzeichnisses findest. Das Ergebnis des Tests allein ist allerdings nicht ausschlaggebend. Viel wichtiger ist die intensive Beschäftigung mit dir selbst, und dass es dir gelingt, auf deine innere Stimme zu hören.

Ein weiterer Vorschlag: Markiere die Stärken, die dir am wichtigsten sind und in die du viel Energie stecken möchtest, um dein Wissen und Können zu verbessern!

Platz zum Aufschreiben ... Persönlichkeit und Charakterstärken

Stärken und Talente

Interessen und Leidenschaften

Wake-up 2

Verändere DEINEN Blickwinkel!

„Die größte Entscheidung des Lebens liegt darin, dass du dein Leben ändern kannst, indem du deine Geisteshaltung änderst!“ (Albert Schweitzer)

Es ist ein offenes Geheimnis, dass wir unseren emotionalen Zustand selbst beeinflussen können. Aber wie geht das? Die Macht unserer Gedanken ist so stark, dass sie bestimmen kann, ob wir eine Sache positiv oder negativ sehen, ob wir uns gut oder schlecht fühlen. Jeder Mensch nimmt seine Mitmenschen, seine Umwelt und Geschehnisse ganz individuell wahr. Zwei Menschen können exakt dieselbe Situation erleben, beurteilen sie jedoch nach ihrer subjektiven Wahrnehmung völlig unterschiedlich. Also hat jeder von uns seinen ganz persönlichen Blickwinkel, was ja auch ganz logisch ist, denn jeder von uns ist einmalig und einzigartig auf dieser Welt. Hundertprozentige Kopien, also dass ein Mensch dem anderen wie ein Ei gleicht, selbst in emotionaler Hinsicht, ist höchstens eine Idee aus spannenden Science-Fiction-Filmen, die gern Themen wie Genforschung und Klonen in beklemmende Utopien verwandeln.

Und jetzt kommt das Geheimnis, oder besser gesagt, die gute Idee, denn es ist ja kein Geheimnis. Doch obwohl es kein Geheimnis ist, setzen die wenigsten von uns bewusst diese interessante Strategie eines „Perspektivwechsels“ ein. Tatsache ist: DU GANZ ALLEIN BESTIMMST, WELCHE GEDANKEN IN DEINEM KOPF PLATZ FINDEN! Du entscheidest, aus welcher Perspektive du eine Sache sehen und sie beurteilen möchtest.

Mit anderen Augen!

Nehmen wir also einmal an, dein Freund/deine Freundin hat sich heute nicht bei dir gemeldet. Normalerweise ruft er/sie immer an. Ihr quatscht kurz über den Tag, die Schule oder wann ihr euch wiedersehen wollt. Wenn er/sie nicht anruft, dann hast du meistens bis spätestens 23.00 Uhr eine E-Mail oder eine SMS bekommen. Jetzt ist es nach 23.00 Uhr und du hast nichts von ihm/ihr gehört. Am Spätnachmittag hast du noch mit seinen/ihren Eltern telefoniert, er/sie sei unterwegs hieß es, mehr wussten sie auch nicht. Die letzten Tage war er/sie auch so komisch still, nicht gerade sonderlich gesprächig. Er/sie wirkte irgendwie wie in Gedanken, so ein bisschen geistesabwesend.

Ob er/sie mich nicht mehr liebt? Wahrscheinlich bin ich ihm/ihr langweilig geworden! Ja, das wäre eine Erklärung für sein/ihr ablehnendes, bescheuertes Verhalten. Was bildet der/die sich überhaupt ein? Als hätte ich nichts anderes zu tun, als den Tag hier abzuhängen, um auf einen Anruf zu warten! Und überhaupt, sein/ihr Verhalten in den letzten Tagen ... warum spricht er/sie nicht mit mir?

Du merkst, wie Traurigkeit und Wut gleichermaßen in dir hochsteigen. Wahrscheinlich ist er/ sie feige! Bestimmt hat er/sie jemand anderen kennengelernt und traut sich nicht, mir davon zu erzählen. Und jetzt? Wo steckt er/sie den ganzen Tag? Na, wo wohl! Er/sie macht sich einen schönen Tag mit seiner neuen Freundin/ihrem neuen Freund, und ich hocke hier blöd rum! Na, warte Freundchen/Mädchen, mit mir nicht! Du greifst aufgeregt zum Handy und tippst schnell folgende Nachricht ein: IST SCHLUSS! MACH ES GUT! BITTE RUF NICHT AN!

Gleiche Situation: Du hast von deinem Freund oder deiner Freundin den ganzen Tag nichts gehört, was sehr ungewöhnlich ist. Die ersten Gefühle, die sich bei dir melden, sind Sorge und Angst. Wieso ruft er/sie denn nicht an? Er/sie ruft doch immer an! Und seine/ihre Eltern wissen auch nicht, wo er/sie steckt. Du schreibst noch eine kurze SMS/E-Mail: HALLO SCHATZ, BITTE MELDE DICH! Während die Stunden vergehen, erinnerst du dich daran, dass er/sie in letzter Zeit so ruhig und verschlossen war. „Er/sie wird doch nicht in Schwierigkeiten stecken? Und jetzt weiß er/sie nicht, wem er/sie sich anvertrauen soll. Er/sie kann doch mit mir sprechen. Er/sie kann über alles mit mir sprechen. ICH LIEBE IHN/SIE DOCH. Ich werde ihm/ihr auf jeden Fall helfen!“

Merkst du was? Genau dieselbe Situation, aber ein ganz anderer Blickwinkel. Du allein entscheidest darüber, welche Gedanken sich bei dir festsetzen und du allein verantwortest das Ergebnis. Wenn du also deine Einstellung einer Person gegenüber veränderst, dann verändert sich auch deine Beziehung zu ihr.

Wenn du immer nur die positiven Eigenschaften eines Menschen siehst und die negativen ausblendest, dann erscheint dir diese Person viel netter und sympathischer. Du kannst sie richtig gut leiden und erzählst gute Dinge über sie. Wenn du dir aber immer wieder die negativen Eigenschaften ins Bewusstsein holst, dann wird dir diese Person unangenehm und wenig vertrauenswürdig erscheinen. Du kannst sie immer weniger leiden und wirst versuchen, den Kontakt so weit wie möglich zu reduzieren.

Wie ein Spiegel!

Welche Gedanken du hast und wie du so drauf bist, steht natürlich auch in deinem Gesicht geschrieben und deine Umwelt reagiert darauf. Und zwar wie ein Spiegel. Wenn du fröhlich bist und gut gelaunt und die Menschen freundlich anlachst, dann freuen sie sich über die gute Stimmung und lächeln zurück. Lächeln und Lachen sind total ansteckend. Gähnen und muffig gucken natürlich auch. Einige von euch kennen vielleicht die angespannte Situation im Wartezimmer eines Arztes. Manchmal ist es so leise und beklemmend ruhig – jeder starrt regungslos in die Zeitung oder blickt leer zum Fenster hinaus –, dass man sich kaum traut, zu schlucken oder hofft, das laute Magengrummeln fällt nicht auf. Aber wenn ein Baby im Wartezimmer ist, mit kugelrunden Augen und einem breiten Lachen, das unser Herz berührt, dann fangen wir an, unsere bittere Miene in ein freundliches Gesicht zu verwandeln – und wir lächeln.

Du wirst das bekommen, was du ausstrahlst.

Mit deinen Gedanken kannst du dein Schicksal beeinflussen. Gedanken, die dir schaden, die du aber nicht loslassen kannst, werden dich immer wieder einholen. Wenn du zum Beispiel tierisch sauer bist, verärgert und wütend, voller Rachegefühle, dann werden diese Gedanken nur dir selbst schaden. Du musst sie loslassen, um entspannt zu leben und die Dinge zu tun, die sinnvoll sind. Wenn du verliebt bist und vielleicht wie auf Wolken durch den Tag wandelst, wenn du viel lachst, aufgeschlossen und hilfsbereit bist, dann wird dieses Wohlgefühl nach außen strahlen. Du wirst auf andere Menschen sympathischer und attraktiver wirken. Sie werden deine Gesellschaft suchen und genießen. Ja, es werden sich sogar weitere Verehrer um dich scharen, weil du so locker, leicht und verliebt rüberkommst.

Der Pygmalion-Effekt (Entdecker: Psychologe Robert Merton)

Hast du schon einmal von dem sogenannten Pygmalion-Effekt gehört, oder auch von der selbsterfüllenden Prophezeiung? Damit ist nichts anderes gemeint als die Kraft der Gedanken für unser Leben. Pygmalion war laut Wikipedia ein Künstler in der Antike und lebte auf Zypern. Er hatte schlechte Erfahrungen mit Frauen gemacht, die er allesamt als unehrenhafte und leichte Mädchen empfand. Er zog sich von ihnen zurück und verschrieb sich seiner Bildhauerei. Ohne an Frauen zu denken, erschuf er eine Statue, deren Abbild dem einer wahrhaft lebendigen Frau glich. Er vergötterte seine Statue und behandelte sie immer mehr wie eine echte Geliebte. Schließlich bat er Aphrodite, die Göttin der Liebe, seine künftige Frau möge so sein wie seine selbst erschaffene Kunstfigur. Als er nach Hause zurückging, liebkoste er wie gewohnt seine Statue, in die er verliebt war, und plötzlich erwachte diese zum Leben. Die Statue erhielt den Namen Galatea. Der Pygmalion-Effekt ist ein Verstärkungsprozess, bei dem jede kleine Veränderung auf sich selbst aufbaut. Eine kleine Aktion zieht eine nächste nach sich und wieder eine, und wird so immer größer und stärker. Alles bewegt sich in dieselbe Richtung. Es ist wie mit dem Schneeballprinzip: Ein anfangs kleiner Schneeball rollt durch den Schnee und wird immer größer. So gibt es „Tugendkreise" und „Teufelskreise". Tugendkreise sind Verstärkungsschleifen mit positiver Wirkung und Teufelskreise sind Verstärkungen in eine Negativspirale.

Hier nun die altbekannte **Geschichte mit dem Hammer**, die ein hervorragendes Beispiel für einen Teufelskreis ist, der seinen Ursprung einzig und allein in der Gedankenwelt eines Mannes hat. Hätte er einen anderen Blickwinkel eingenommen, dann wäre eine völlig andere Geschichte entstanden. Einem Mann fällt am Samstag ein, dass er bei seiner Schwiegermutter ein Bild aufhängen soll. Er fährt in den Baumarkt und kauft Nägel. Wieder zu Hause stellt er fest, dass der Rahmen auch nicht passt. Er fährt in den Baumarkt und kauft einen Rahmen. Wieder zu Hause stellt er fest, dass sein Hammer nicht da ist. Der Baumarkt hat jetzt zu! Das Bild soll aber unbedingt heute aufgehängt werden. Unbedingt! Das ist manchmal so bei Schwiegermüttern. Also beginnt der Mann zu rotieren ... Wie könnte er an einen Hammer kommen? Wer leiht ihm einen Hammer? Eigentlich sind die Leute im Mietshaus alle nicht freundlich, denkt er. Der Hausmeister ist natürlich nicht da. Er versucht erst gar nicht, zu klingeln. Die Familie rechts von ihm schaut ihn immer so unfreundlich an, wenn man sich im Aufzug begegnet, denkt er. Die Familie oben rechts hat mit jedem Streit, meint er ... Der einzelne junge Mann hinten links? Na, da weiß man eigentlich nicht so recht, was mit dem los ist. Der huscht immer ins Haus und verschwindet schnell hinter der Tür ... Also im Grunde will ihm keiner einen Gefallen tun und ihm einen Hammer leihen, denkt er ... Keiner! Alles widerliche kleine Pinscher. Er reißt die Türe zum Flur auf, stürzt zum Nachbarn gegenüber, klingelt und als dieser endlich öffnet, schreit er, ohne auf den freundlichen Gruß des Nachbarn einzugehen: **„Behalten Sie doch Ihren scheiß Hammer!"**

Talk mit Mull

Wake-up 2 „Verändere DEINEN Blickwinkel!"

Ich: „Ich glaube, ich verstehe, worum es geht. Aber wie es genau funktioniert, ist mir irgendwie unklar."

Mull: „Das ist nichts weiter als das Prinzip von Ursache und Wirkung!"

Ich: „Ursache und Wirkung? Verstehe ich nicht!"

Mull: „Stell dir doch mal vor, du wachst morgens auf und stellst dich vor den Spiegel. Schaust dir ins Gesicht und denkst: Oh, Gott! Betrachtest deinen Körper und denkst: Oh, nein! Ich sehe schlecht aus. Ich gefalle mir überhaupt nicht. Die Haare sind trocken und kraus, wie ein Wischmopp seh ich aus. Und meine Augen, richtige Schweinsäuglein habe ich. Und meine Figur, irgendwie Birne oder besser Fallobst. Was glaubst du, wie du aus dem Haus gehen wirst?"

Ich: „Ich glaube, es ist besser, gar nicht aus dem Haus zu gehen!"

Mull: „Ja, vielleicht gehst du gar nicht! Aber wenn du gehst, wirst du sicher keine gute Ausstrahlung haben. Du wirst dich kleinmachen und versuchen, nicht aufzufallen. Dein Selbstbewusstsein wird sich in den Schuhen befinden. Das ist ja auch kein Wunder, schließlich hast du kein gutes Haar an dir gelassen."

Ich: „Ich habe eine schlechte Ausstrahlung, weil ich so übel aussehe. Deswegen werden die Leute nichts mit mir zu tun haben wollen!"

Mull: „Du hast eine schlechte Ausstrahlung, weil deine Einstellung zu dir selbst nicht in Ordnung ist. Du denkst über dich, dass du schlecht aussiehst. Gehst gebückt und mit trüber Miene. Wen wundert es dann, dass die Menschen dich nicht attraktiv finden und dich nicht als tolle Persönlichkeit wahrnehmen!"

Ich: „Okay, ich stelle mich also morgens vor den Spiegel und sage mir: ‚Hey, was siehst du heute gut aus!' Gehe ich dann erhobenen Hauptes aus dem Haus und der Tag wird besser?"

Mull: „Ganz genau! Deine Gedanken sind zu jedem Zeitpunkt des Tages von größter Bedeutung. Wenn du morgens deinem Spiegelbild positiv begegnest und genau die Dinge siehst, die schön an dir sind, statt die weniger perfekten Sachen wahrzunehmen, dann wirst du dich groß machen und voller Freude mit Selbstbewusstsein dem Tag begegnen!"
Ich: „Aber, was ist, wenn ich nun wirklich übel aussehe?"

Mull: „Alles ist eine Frage der Einstellung. Ändere deinen Blickwinkel! Trainiere dich so, dass du in der Lage bist, deine schönen Seiten deutlicher zu sehen. Erkenne deine Stärken und spiegle sie nach außen. Wenn du dir morgens schon einredest, ein Loser zu sein, dann wirst du auch den Tag über keine Erfolgserlebnisse haben!"

Ich: „Aber wenn ich kacke aussehe und auch sonst nichts auf die Reihe kriege, dann gehe ich doch als Loser aus dem Haus!"

Mull: „Jeder Mensch hat Stärken und Schwächen, absolut jeder, das Glücksgeheimnis ist nur, seine Stärken intensiver und liebevoller zu betrachten. Die Stärken, die Pluspunkte, Schönheit und Einzigartigkeit – das wollen wir im Spiegel sehen. Das heißt nicht, die Augen zumachen, sich belügen und sich einreden, man hätte keine Schwächen. Natürlich hat man die, aber es ist vollkommen unsinnig, diese zu fixieren und sich ständig ins Bewusstsein zu rufen. Schwächen lassen sich regeln. Wir müssen sie akzeptieren. Und fertig!"

Ich: „Ich habe verstanden ... Ich finde meine Körpergröße gut, meinen aufrechten Gang, mein welliges Haar, meine Art zu lachen, meine Hilfsbereitschaft, meine Fähigkeiten als Ratgeber, als Gastgeber und als Entertainer, meine lustige Art, meine Bereitschaft zuzuhören ... und ... und ... und."

Mull: „Siehst du, es sprudelt nur so aus dir heraus. Lenk deinen Blick genau auf diese Dinge und du wirst wachsen und dich groß fühlen! Ich möchte dir ein Märchen erzählen. Es ist ein altes indisches Märchen, das uns lehrt, dass die Art und Weise, wie wir die Dinge betrachten, allein unsere Entscheidung ist.

Das Spiegelkabinett

Auf der Suche nach Futter verirrte sich Mischa, der Hund des griesgrämigen Rummelplatzbesitzers ins Spiegelkabinett. Noch nie zuvor hatte er einen Spiegel gesehen. Plötzlich sah er sich von tausend fremden Hunden umringt. Er schrak zusammen, legte die Ohren an und fletschte die Zähne. In dem Moment war er umgeben von tausend zähnefletschenden Hunden, die sein Leben bedrohten. Er begann zu knurren und sein Echo wurde von den Spiegelwänden tausendfach verstärkt. Mischa machte in wilder Panik kehrt und flüchtete, so schnell er konnte. Nie wieder wollte er mit einem anderen Hund zu tun haben.

Die Jahre verstrichen und eines Tages verirrte sich Violetta, die kleine Hündin der Zuckerwatteverkäuferin ins Spiegelkabinett. Auch sie kannte weder Spiegel noch Spiegelbilder, und so fand auch sie sich plötzlich inmitten von tausend Hunden wieder. Violetta war ein freundlicher kleiner Hund. Sie stellte die Ohren auf und freute sich über alle Maßen über die vielen neuen Freunde. Und ihre Freunde freuten sich mit ihr. Violetta begann mit dem Schwanz zu wedeln und alle wedelten mit ihr. Glücklich verließ Violetta das Kabinett in dem Wissen, dass alle Hunde der Welt ihre Freunde waren.

Ich: „Eine schöne Geschichte, und alles eine Frage der Perspektive!“

Mull: „Genau richtig! Du kannst dich ändern und du kannst dein Leben ändern! Das Einzige, was zu tun ist, ist Macht über deine Gedanken zu gewinnen. So kannst du deinen Blickwinkel und deine Geisteshaltung ändern!“

Der Schweinehund

Hört sich einfach an, was die Mulle da erzählt, doch in der tatsächlichen Umsetzung ist dieses Kapitel für uns eindeutig das schwerste. Denn wie jeder von uns weiß, schleichen sich Gedanken gern hinterlistig in unseren Kopf, um dann sämtliche Pläne und guten Vorsätze wieder zunichtezumachen. Wer von euch kennt nicht den sogenannten Schweinehund, der sich gern als Ausbremser betätigt, wenn wir uns vorgenommen haben, irgendetwas mal wieder besser, regelmäßiger oder disziplinierter zu machen? Völlig gleichgültig, ob du beschlossen hast, mehrfach in der Woche Sit-ups zu machen oder Französischvokabeln zu lernen oder deinen Freundeskreis intensiver zu pflegen, er schleicht sich raffiniert in deinen Kopf und spricht zu dir: „Hey, mach dir doch keinen Stress! Was soll's? Morgen ist auch noch ein Tag!" Aber ich weiß, und du weißt es auch: passiv sein, faul sein und die Dinge ständig aufschieben, das gibt uns kein nachhaltig gutes Gefühl. Sicher dürfen wir uns nicht so organisieren, dass alles, was wir tun, nur in Stress ausartet. Doch es ist ein stilles Gesetz, dass in der Aktivität das „gute Gefühl" zu finden ist.

Also, was kannst du konkret machen, wenn sich der Schweinehund erneut bei dir meldet? Ganz einfach: In dem Moment, in dem der Gedanke in dich einschießt – „Hey, mach dir keinen Stress"– greifst du ihn dir und schmeißt ihn einfach raus aus deinem Kopf. Sofort ersetzt du ihn durch einen anderen Gedanken – einen positiven, aktiven Gedanken. Das machst du immer wieder, so entwickelst du echte Disziplin bei deiner Gedanken-Austausch-Aktion. Manche Leute schreiben sich die Gedanken, die sie denken möchten, auch auf ein Blatt Papier und hängen sie irgendwo in der Wohnung auf, wo sie ständig dran vorbeilaufen. Sie fühlen sich dann stets daran erinnert, was ihnen wirklich wichtig ist.

Probier es doch einfach einmal aus! Nimm dir etwas vor und bekämpf deinen inneren Schweinehund!

Gedankenhygiene

Genau das gleiche Problem haben wir mit Informationen, die teilweise ungewollt in unser Unterbewusstsein reinrutschen. Du kennst bestimmt auch die Situation, dass du schon einen ganz bestimmten Eindruck von einem Menschen hast, nur weil andere dir etwas über ihn erzählt haben. Nehmen wir einfach mal an, ein Freund erzählt dir von einem Mädchen aus seiner Abiturklasse, das „voll die Streberin" ist. Sie ist kühl und arrogant, sagt er. Sie trägt eine Brille und Polo-Hemden, die Haare so streng zurückgebunden. Außerdem hat er von einem Kumpel gehört, dass sie ihre Zeit nur über den Büchern verbringt und im Ballettstudio abhängt. Langweilig und öde ist sie. Ein Klugscheißer obendrein. Na, mal ehrlich, was denkst du? Ob du es willst oder nicht, es haben sich bestimmte Gedanken in deinen Kopf eingeschlichen. Und wenn du diesem Mädchen persönlich begegnen würdest, dann wäre deine Beurteilung ihrer Person mit größter Wahrscheinlichkeit das Ergebnis eben dieser Gedanken. Sie ist eine Streberin und interessiert sich für nichts anderes. Wenn ich dir jetzt aber erzähle, dass dasselbe Mädchen ein Typ zum Pferdestehlen ist, immer einen guten Witz auf Lager hat, man jeden Scheiß mit ihr machen und sich kugeln kann vor Lachen, dass sie nicht nur Ballett tanzt, sondern gern am Wochenende im angesagtesten Club die Hüfte kreisen lässt (kein Polo-Hemd und die Haare offen), dass sie sich einen netten Freund wünscht und auch beruflich gesehen ihre Träume hat – was denkst du dann?

Die verschiedensten Informationen schießen wie Laserstrahlen durch unser Hirn hindurch und wir haben keine Kontrolle darüber, was tatsächlich an bedrohlichem Material in uns gefangen bleibt. Alles quatscht uns zu: Zeitungen, Fernsehen, Radio, Internet ... Familie, Freunde, Lehrer, Kollegen, Politiker ... Menschen und Medien aller Art. Oft können wir selbst entscheiden, was wir uns anhören und was nicht. Manchmal sind wir den Informationen aber auch hilflos ausgesetzt, und dann wird es wichtig, zu entscheiden, welche Informationen und Meinungen man zu seinen eigenen Gedanken macht.

Wenn wir uns schmutzig gemacht haben oder verschwitzt sind, dann stellen wir uns einfach unter die Dusche. Wenn wir spüren, dass sich schlechte Gedanken in uns festgesetzt haben, warum spülen wir sie nicht auch einfach weg?

Ich kannte mal ein Mädchen. Sie war ein Einzelkind. Ihre Mutter war eine strenge Frau mit einem harten und verbitterten Gesicht. Der Vater war nichtssagend, kleiner als seine Frau, kahlköpfig, mit leicht gebückter Körperhaltung, und hat sich aus allem rausgehalten. Ich nenne das Mädchen mal Angelika. Sie musste gute Schulnoten nach Hause bringen, das heißt entweder Eins oder Zwei. Drei war schon schlecht, dann fing sie meistens an zu heulen. Die Mutter konnte nur Druck machen. Wenn Angelika in der Schule versagte, dann hatte sie nicht genug gearbeitet, war ein „faules Geschöpf“ und zu nichts zu gebrauchen. „Als Klofrau wirst du enden!“, prophezeite ihr die Mutter. „Zu mehr taugst du nicht!“ Angelika war nicht dünn und nicht dick, sie war normalgewichtig. Wenn sie es am Abendbrottisch wagte, ihr Brot dick mit Butter zu beschmieren oder über eine dritte Schnitte nachzudenken, rastete ihre Mutter aus und beschimpfte sie auf übelste Art und Weise: „Du willst doch nicht noch eine Schnitte fressen, du fettes Schwein!“ „Fettes Schwein“ – diese Worte hatte sie öfter von ihrer Mutter gehört und irgendwann begann sie, sich selbst eine Art Diät zu verordnen. Sie versuchte, so viel wie möglich zu fressen, ohne ihre Mutter allzu sehr herauszufordern, um dann im Anschluss alles wieder in die Toilettenschüssel zu kotzen. Damals hatte sie abgenommen, begleitet von mehreren Kreislaufzusammenbrüchen.

Vor Kurzem erzählte mir eine Freundin, dass sie noch Kontakt zu Angelika hat. Ein Psychowrack sei sie geworden. Komische Macken und übersteigerte Angstgefühle wären ihr aufgefallen. Überall wittert sie Viren und Bakterien. Eine Art Waschzwang hat sich breitgemacht und ohne Sagrotantücher verlässt sie nicht das Haus. Das Haus verlässt sie ohnehin nicht gern, zu gefährlich erscheint ihr die Welt da draußen. Sie hat Angst vor Terroristen, Jugendbanden, Orkanböen, Vergewaltigern und Amokläufern. Die Nahrungsmittel sind verseucht und die Menschen alle Kriminelle, Halsabschneider und Geldabzocker.

Angelika hatte Pech, denn es wurden schon in der Kindheit viele negative Gedankenmuster gebildet. Später ist es ihr zur Routine geworden, den negativen Informationen größere Beachtung zu schenken und somit negativen Gedanken die Möglichkeit zu geben, sich vermehrt und bombenfest in ihrem Kopf zu verankern.

Ich muss zugeben, dass in diesem Fall etwas mehr Arbeit nötig ist, als die fleißige Disziplin der täglichen Gedankenhygiene, die du oder ich auf dem Programm stehen haben. Wenn du also feststellst, dass bestimmte Informationen dir nicht guttun, dann überleg doch mal, ob es wirklich erforderlich ist, dass du diese Informationen überhaupt aufnimmst. Wenn du frei wählen kannst, dann entscheide dich dagegen! Wenn du nicht die Wahl hast, dann lass nicht zu, dass sich diese Gedanken in dir breitmachen und deinen emotionalen Zustand beeinflussen.

Ein indianisches Sprichwort sagt: „Wenn die Vögel der Sorgen und Probleme dich umkreisen, dann lass sie an dir vorbeiziehen und sieh zu, dass sie keine Nester bauen!“

Mull: „Ich habe auch eine Idee: Stell dir einfach vor, du hast die Wahl. In deinem Kopf hausen zwei Raubtiere. Das eine Raubtier ist dir schlecht gesonnen. Es will dich von innen heraus auffressen und geifert nach schlechten Gedanken, durch die es immer größer und stärker wird. Das andere Raubtier ist dir gut gesonnen. Es ist dein Freund. Es will dich beschützen und freut sich, wenn du wächst und stärker wirst. Du hast die Wahl! Du kannst dir aussuchen, welches Raubtier du füttern möchtest!“

Ich: „Na, da seh ich klar. Das süße Raubtierchen natürlich!“

Mull: „Da fällt mir noch eine indianische Weisheit ein!“

Ich: „Dann lass mal hören!“

Mull: „Warum ist der Mensch häufiger krank als der Vogel, der Bison oder der Puma? Weil er den harmonischen Pakt der Kräfte gebrochen hat, indem er in einer oft schwer zu erreichenden Tiefe schlechte Gedanken in seinen Geist eingelassen hat. Es bedarf der ganzen Kunst des Medizinmanns, um in sich selbst hinabzutauchen und die kranke Seele zu heilen.“

Platz zum Aufschreiben ...

Auf dieser Seite kannst du nun einige häufig wiederkehrende **miese Gedanken** sammeln. Gedanken, die dich daran hindern, unbeschwert zu sein, dich selbstbewusst zu fühlen, deinen ureigenen Weg zu gehen oder glücklich zu sein. Schmeiß sie raus aus deinem Hirn! Streich sie hier auf dem Papier einfach durch und ersetze sie durch **gute Gedanken**!

Übrigens: Mit der Gedankenhygiene ist es wie mit dem Duschen – am besten täglich!

Wake-up 3

Lebe mit Sinn, DEINEN Werten entsprechend!

„Aus meiner tiefsten Seele zieht
mit Nasenflügelbeben
ein ungeheurer Appetit
nach Frühstück und nach Leben!“
(Joachim Ringelnatz)

Ich liebe diesen Reim von Ringelnatz. Er drückt meiner Meinung nach wie kein anderes Gedicht oder Zitat die Lust am Leben und die positive Denkweise aus. Wenn ein ungeheurer Appetit, eine unglaubliche Genuss- und Lebenslust unseren Körper durchströmt, ihn zum Zittern und zum Beben bringt, und das alles nur, weil es Frühstück gibt, sprich ein neuer Tag anbricht, ja dann, dann haben wir wohl alles richtig gemacht. Wenn man Appetit auf Leben hat und richtig Lust, dem Tag mit all seinen gewohnten und überraschenden Geschehnissen zu begegnen, dann bedeutet das wohl, auch einen Sinn im Leben zu sehen. Denn nur was Sinn ergibt, kann auf lange Sicht gesehen auch Lust erzeugen und Freude machen. Aber, was ist der Sinn des Lebens? Oder besser gefragt: Was ist dein Sinn? Was ist dir wichtig? Worauf hast du Lust? Wann fangen deine Nasenflügel an zu beben?

Das Wake-up 3 unterscheidet sich von den anderen Weckrufen durch seine vielfältigen Ansatz-, Denk- und Diskussionsmöglichkeiten. Du unternimmst eine Exkursion in die Welt der Sinne und Werte, der Ethik, der Moral und der Philosophie. Es gibt in diesem Bereich weniger klare Strategien, die dir einen Weg aufweisen, der mehr Erfolg und eine größere Lebensqualität verspricht. Es ist auch kein gängiges Thema der zahlreichen Persönlichkeitstrainer, die ihre Klienten gern zu mehr Leistung – schneller, besser, effektiver – antreiben, aber es ist von größter Wichtigkeit, denn es ist die Basis für ein glückliches Leben. Wenn du es schaffst, deine Werte und deinen Lebenssinn herauszufinden und zu formulieren, dann hast du einen großen Schritt nach vorn gemacht. Und wenn du es dann noch schaffst, deinen Werten entsprechend zu leben und einen Sinn in deinem Dasein und Tun zu sehen, dann bist du ein glücklicher Mensch.

Fliegen können

Vor einigen Monaten wirkte meine Tochter in einem Theaterstück mit dem Namen „Jugend mit Hase“ mit, das mir als Inspiration für den Titel dieses Buches diente. Die jungen Leute hatten einen alten Text umgeschrieben und recht modern umgesetzt, in dem es um Schüler und Lehrer, um Freiheit und Revolution geht. Ihre gelungene Interpretation konnte ich im Düsseldorfer Schauspielhaus sehen und folgender Text des Sprechchors, der eindringlich und in eintönig wiederkehrender Form zitiert wurde, prägte sich mir ein.

„Ist das Leben
in die Höhe wachsen und streben
und nicht fliegen können?
Zitternd gefesselt
an den Boden gepresst alle Kraft gefangen?
Nur alles Verlangen
und nichts ERFÜLLUNG?
Ruhe ist nichts für uns!“

Ich diskutierte mit meiner Tochter. Auch sie empfand eine gewisse Lust auf Auflehnung und Revolte. Plötzlich stellten wir das Leben mit seiner Gewohnheit und Alltäglichkeit, mit seinen Prinzipien und seiner lähmenden Routine infrage. Ich erinnerte mich an meine Jugend und die verzweifelte Suche nach dem Sinn des Lebens. Jeden Tag früh aufstehen, jeden Tag Schule, jeden Tag langweiliges Gequatsche, sich jeden Tag das spießige Allerlei der Eltern reinziehen, jeden Tag das Gleiche tun?! Ich fühlte mich auf den Boden gepresst. Ich hatte das Gefühl, all meine Kraft wäre gefangen. Ich hatte Verlangen, Wünsche, Träume und Sehnsüchte. Ich wollte nicht auf dieser Welt sein, nur um in die Höhe zu wachsen und zu streben, die Schule gut zu machen und einen anständigen, gut bezahlten Job zu finden. Ich wollte FLIEGEN KÖNNEN! Ich wollte ERFÜLLUNG! Aber das System – die Eltern, die Lehrer, die Gesellschaft – halten mich klein, gefesselt und an den Boden gedrückt, dachte ich. Wollen wir uns das gefallen lassen? Wollen wir klein, hilflos und leise sein? Ruhig gestellt? NEIN, Ruhe ist nichts für uns! Über das Zitat kann man diskutieren und unterschiedlicher Meinung sein. Nicht jeder von uns hat schon einmal einen ähnlich verwirrenden Gedanken und eine ähnlich aufgewühlte Gefühlswelt gehabt. Dennoch sind wir uns einig, dass Ruhe, wenn Gelassenheit, Gemütlichkeit und Entspannung damit gemeint sind, etwas Schönes sein kann. Wenn Ruhe jedoch mit

Langeweile, Angepasstheit, Stillstand und lähmender Routine gleichgesetzt wird, dann halten wir sie für kein erstrebenswertes Ziel.

„Langeweile ist der größte Feind des Glücks!“ (Autor unbekannt)

Langeweile haben wir immer dann, wenn wir zu viele Dinge tun, die wir nicht gern machen, und wenn wir es nicht verstehen, die Dinge, die wir tun, gern zu machen. Konzentration heißt hier das Zauberwort. Ich konzentriere mich nur auf das, was ich gerade mache, und denke nicht daran, was gestern war oder was ich heute noch alles erledigen muss.

Nehmen wir also mal an, du hast eine Stunde Deutsch in der Schule oder eine Vorlesung an der Uni. Der Prof bzw. dein Lehrer ist nicht gerade der beste Redner, seine Stimme leise und seine Tonlage immer gleich, ohne Höhen oder Tiefen, er hat überhaupt kein rhetorisches Talent, einfach gähnend langweilig. Was machst du? Abschalten und aus dem Fenster gucken? Termine fürs Wochenende planen? Zeitung lesen und Kontakt zu den anderen Gelangweilten aufnehmen? An deine(n) Freundin/Freund denken? Darüber nachdenken, warum du dir dieses Elend reinziehst? Natürlich ist der Unterricht langweilig, aber wenn du es schaffst, aktiv zuzuhören, dich zu konzentrieren und Informationen zu sammeln, dann hast du hinterher auf jeden Fall ein besseres Gefühl. Erstens, weil du voll konzentriert dabei warst und dich dadurch weniger langweilst, und zweitens, weil dein Wissen bereichert worden ist. Jede Wissensbereicherung, mag sie auch noch so klein sein, bringt dich deinem Ziel, zum Beispiel Abitur, Ausbildung oder Uniabschluss, wieder ein Stückchen näher.

Sind ein guter Schulabschluss und der richtige Beruf lohnenswerte Ziele? Ja! Ist das der Sinn des Lebens? Auch! Was ist der Sinn des Lebens? Die Frage nach dem Sinn ist philosophisch bis in die Tiefe diskutierbar und bleibt doch ungelöst. Sie ist nur individuell zu beantworten und für die meisten von uns bedeutet es, ein LEBENSZIEL zu haben.

Das Lebensziel

Das übergeordnete Lebensziel ist für uns alle sicher gleich: Wir wollen ein glückliches Leben leben. Doch was genau macht ein glückliches Leben aus? Durch zahlreiche

Untersuchungen und Befragungen wissen wir: Geld, Macht, Status, Prestige und alles im Überfluss zu haben machen uns nicht glücklicher. Alles nicht zu haben macht uns auch nicht glücklicher. Es gilt jedoch als bewiesen, dass Dinge, die wir im Überfluss genießen können, ihren Wert verlieren und unser Lustempfinden drosseln. Es ist also sinnvoll, sich schöne Sachen nur gelegentlich zu gönnen.
GIER STOPPEN!

Die Lebensfreude lässt sich auch steigern, indem wir wieder Spaß an den kleinen Dingen (Selbstverständlichkeiten, Gewohnheiten) des Lebens finden, zum Beispiel wenn uns eine geliebte Person anlächelt oder aus dem Fenster winkt, wenn der Hund sich überschlägt vor Freude, wenn der Himmel schöne Farben hat, die frisch gekochte Erdbeermarmelade von Oma, der zarte Kuss einer Freundin oder eines Freundes, der Geruch von frischen Brötchen. **KLEINE MOMENTE GENIESSEN!**

Natürlich werde ich auch eher unglücklich als glücklich, wenn ich mich oder meine Situation ständig mit anderen vergleiche und immer höhere Erwartungen an das Leben und das Glück stelle. Wenn meine Gedanken nur darum kreisen, wie ich besser aussehen, zu mehr Geld kommen und ein aufregenderes Leben führen kann. **KEINE ÜBERZOGENEN ERWARTUNGEN HABEN!**

Wenn Gewohnheiten nur lästige Routine sind, dann machen sie unglücklich. Wenn Gewohnheiten jedoch lieb gewonnene Rituale sind, die ich hege und pflege und die mir ein wohliges Gefühl bereiten, dann machen sie glücklich. Das kann die erste Tasse Kaffe im Bett sein, das Begrüßungsküsschen, die Hallo-Mail der besten Freundin, das Badeerlebnis am Wochenende und vieles mehr. **RITUALE PFLEGEN!**

Und eine letzte Idee zur Steigerung der Lebensfreude ist das Dankbarsein. Ohne uns ständig zu vergleichen, wissen wir, dass es uns viel besser geht als vielen anderen Menschen auf der Welt. Menschen, die durch Hunger und Krieg bedroht sind. Menschen, die Unfälle hatten oder schwere Schicksalsschläge ertragen mussten. Menschen, die kaum eine Chance haben auf mehr Lebensglück, oder überhaupt die Möglichkeit, sich darüber Gedanken zu machen. Wenn es uns gut geht, dürfen wir nicht vergessen, dass es uns gut geht! **DANKBAR SEIN!**

Diese fünf Lebensfreudesteigerungsstrategien sind ein nützliches Werkzeug, wenn es darum geht, sich im alltäglichen Leben – also Tag für Tag – ein sinnvolles Glückskonzept zu zimmern. Doch wie sieht es mit den großen Lebenszielen aus? Was ist denn nun der Sinn? Ein Autor und Philosoph der modernen Zeit, Richard David Precht, schreibt am Ende seines Buchs „Wer bin ich und wenn ja, wie viele?“ folgende Zeilen zu diesem Thema: „Denn die Einzigen, die je tatsächlich wussten, was der Sinn des Lebens ist, sind Monty Python in ihrem gleichnamigen Film: ‚Also, nun kommt der Sinn des Lebens. Nun, es ist wirklich nichts Besonderes. Versuch einfach, nett zu den Leuten zu sein, vermeide fettes Essen, lese (sic!) ab und zu ein gutes Buch, lass dich mal besuchen, und versuch, mit allen Rassen und Nationen in Frieden und Harmonie zu leben.’ Und wenn Sie mich fragen (das sagt jetzt Herr Precht): Bleiben Sie neugierig, realisieren Sie Ihre guten Ideen, und füllen Sie Ihre Tage mit Leben und nicht Ihr Leben mit Tagen.“

Und wenn du mich fragst: **Es sind die Menschen!** Es ist die Liebe! Ich stimme selbstverständlich den oben angeführten Weisheiten zu, möchte jedoch die Liebe im weitesten Sinne, das heißt, soziale Bindungen (Familie, Freundschaften, Partnerschaft) absolut in den Mittelpunkt stellen. Wie heißt es so schön bei Goethe: „Das höchste Glück auf Erden ist lieben und geliebt zu werden!“ Und auch für Sigmund Freud waren Lieben und Arbeiten die größten Glücksquellen. Nichts macht richtig Freude, wenn man es nicht teilen kann. Alles im Alleingang tun ist nicht cool, sondern traurig. Sich aufgehoben fühlen, sich geborgen fühlen und gemeinsame Erlebnisse haben, all das steigert unsere Lebensfreude. So füllt man seine Tage mit Leben.

Also Sigmund Freud hatte es schon drauf, denn auch die „Arbeit“ kann eine sprudelnde Glücksquelle sein, wobei sie sich als „sinnvolle Aufgabe“ verstehen muss. Es ist die Aktivität, das Gefühl, etwas Nützliches zu tun, was uns ein Glücksgefühl bescheren kann.

Wie viele Glücksanteile haben denn jetzt die Schule und der Beruf? Wie beurteilst du die Wichtigkeit, einen süßen Freund oder eine liebe Freundin zu haben? Was bedeuten dir Äußerlichkeiten oder materielle Werte? Ich habe einfach mal einen kleinen Glückstest erstellt, den ich nach einem Seminar mit einer 18-jährigen Schülerin und einem 19-jährigen Abiturienten durchgeführt habe. Der Test ist ganz simpel, und ich habe es mir sehr einfach gemacht, indem ich fünf für das Glück wichtige Dinge prozentual beurteilen ließ und sie anschließend zu gleichen Teilen bewertete. Du kannst natürlich auch einen Punkt streichen oder hinzufügen, oder eine individuell andere Bewertung vornehmen.

Meine fünf Glücksbringer

Ich (Aussehen, Geist, Ausstrahlung, Gesundheit etc.)

Familie (Mutter, Vater, Geschwister, Hund, Zuhause, Geborgenheit etc.)

Freunde (Freundschaft, Vertrautheit, Spaß, Kommunikation, Lachen und Weinen etc.)

Liebespartner (feste(r) Freund/Freundin, Zärtlichkeiten, Zukunftspläne, Sex etc.)

Schule/Beruf (gute Noten, Motivation, Karriereaussichten, gutes Umfeld etc.)

Die Aufgabe ist nun folgende: Stell dir die Frage, zu wie viel Prozent du mit deinem Ich, deiner Familie, deinem Freundeskreis, deinem Liebesleben und deiner Schulleistung bzw. deinen beruflichen Plänen glücklich bist.

Die Schülerin gab folgende Wertung ab:	Ich	80 %
	Familie	90 %
	Freunde	30 %
	Liebespartner	0 %
	Schule/Beruf	80 %

Macht einen Schnitt von **56 %**, und das von 100, also nur knapp über die Hälfte. Das Mädchen fühlte sich dem Test zufolge zu nur 56 % glücklich. Einen festen Freund zu finden und eine tolle Freundesclique, in der man zusammen Spaß haben kann, aber auch füreinander da ist, wenn es mal nicht so gut läuft, findet sie enorm wichtig.

Der Abiturient entschied spontan:	Ich	60 %
	Familie	70 %
	Freunde	100 %
	Liebespartner	0 %
	Schule/Beruf	70 %

Dieser junge Mann fühlte sich laut Test zu **60 %** glücklich, also ein ähnliches Ergebnis wie das Mädchen. Dennoch hatte er ein subjektiv glücklicheres Gefühl. Der Grund liegt bei seinen besten Freunden, die nach seinen Aussagen „echte Kumpels“ sind, auf die man sich verlassen kann und die jeden „Scheiß“ mitmachen. Er findet es schade, dass die Sache mit der Freundin noch nicht geklappt hat und würde gern bei den Frauen etwas „cooler rüberkommen“. Du kannst die Sache drehen und wenden, wie du willst – am Ende scheint die Qualität der Beziehungen, die wir zu unseren Mitmenschen haben, die wichtigste Komponente bei der Glücksfindung zu sein. Es ist die Sehsucht nach Wärme, Geborgenheit und Zugehörigkeit, die uns antreibt. Wir fühlen uns glücklich, wenn wir von anderen angenommen werden, so wie wir sind. Das **Gefühl der Zugehörigkeit** – zu einer Familie, zu Freunden oder einem Liebespartner – ist hier das ausschlaggebende Moment.

Werte

Außer dem Gefühl der Zugehörigkeit gibt es noch einen weiteren Ansatz, der das Leben sinnvoll und ausgefüllt erscheinen lässt. Es sind die Wertvorstellungen, sprich deine ganz persönlichen Überzeugungen, was im Leben wichtig und von Bedeutung ist.
Wenn du für dich persönlich herausfinden kannst, welche Werte dir sowohl im beruflichen Bereich als auch in deinem Privatleben wichtig sind, dann hast du eine hervorragende Basis geschaffen, auf deren Grundlage du später handeln und deine Entscheidungen treffen kannst. Nicht vergessen darfst du hierbei, dass es nicht nur um das Wissen um die eigenen Werte geht, sondern auch darum, den Werten entsprechend zu leben – wertetreu sozusagen. Denn nur wenn du deinen Werten treu bleibst, hast du die Chance, ein erfolgreiches und erfülltes Leben zu führen. Und denk bitte daran – es geht hier um deine eigenen Werte und nicht um irgendwelche Prinzipien, die uns vielleicht irgendwann einmal vorgekaut worden sind.

Wertvorstellungen können zum Beispiel sein:

Optimismus, Freundschaft, Dankbarkeit, Aufrichtigkeit, Demokratie, Respekt, Selbstbewusstsein, Zuverlässigkeit, Hilfsbereitschaft, Loyalität, Treue, Gelassenheit, Familie, Verantwortung, Freiheit, Geborgenheit, Beharrlichkeit, Ehrgeiz, Kreativität, Ethik, Entwicklung, Gesundheit, Wissen, Vertrauen, Disziplin, Mut, Entschlossenheit, Liebe, Genuss, Verständnis, Freundschaft, Tapferkeit, Pflichterfüllung, Härte, Harmonie, Selbstbestimmung, Unabhängigkeit, Geld, Macht, Eigentum, Weisheit, Glaubensfestigkeit, Religion, Vertrauenswürdigkeit, Ehrlichkeit, Taktgefühl, Empathie, Gerechtigkeit ... Und vielleicht fallen dir ja auch noch ganz viele weitere Werte ein.

Nimm dir bei Gelegenheit ein bisschen Zeit und denk darüber nach, welche Werte für dich persönlich in deinem Leben die wichtigsten sind. Es ist wichtig, was du über dich selbst denkst. Worauf legst du bei dir, aber auch bei anderen Menschen, besonderen Wert? Was findest du an deinem Charakter gut oder vorbildlich? Was kritisierst du am meisten bei anderen? Wie kann man dir richtig auf den Keks gehen? Wofür lohnt es sich zu kämpfen? Was würdest du deinen Kindern vermitteln? Auf welche Werte kannst du auf keinen Fall verzichten? Vielleicht ist die Zuverlässigkeit für dich ein wichtiger Wert. Dann merkst du das daran, dass du beruflich und auch privat ein verlässlicher Partner sein kannst. Versprochen ist versprochen! Wenn du sagst, dass du etwas machst, dann machst du es auch! Auf dich kann man sich verlassen, und das erwartest du auch von anderen Menschen, von deiner Freundin oder deinem Freund, von den Kollegen und dem Sportteam. Wenn du diesen Anspruch an dich selbst und andere hast, sowohl im beruflichen als auch im privaten Umfeld, dann ist die Zuverlässigkeit für dich ein wichtiger Wert.

Vielleicht ist die Familie für dich das Wichtigste. Nicht nur, dass du den ganzen Clan liebst und auch gern Zeit mit ihnen verbringst, nein, sie ist deine Wohlfühloase. Sie ist deine feststehende Burg, auch wenn es draußen einmal ungemütlich ist und stürmt. Du genießt es, eine tolle Familie zu haben, in der es die meiste Zeit harmonisch abläuft. Für die Zukunft wünschst du dir, dass alles so bleibt und dass du den richtigen Partner (im besten Fall sehr familienfreundlich) findest, mit dem du deine eigene Wohlfühloase gründen kannst. Familie ist für dich ein wichtiger Wert.

Talk mit Mull

Wake-up 3 „Lebe mit Sinn, DEINEN Werten entsprechend!"

Ich: „Gar nicht so einfach! Für mich ist zum Beispiel Freiheit ein wichtiger Wert, aber irgendwie bin ich gar nicht so richtig frei!"

Mull: „Hey, Kopf hoch! Du musst die Sache nicht so endgültig sehen. Überleg doch einmal, was Freiheit bedeutet. Wieso bist du nicht frei? Wirst du eingesperrt? Lebst du in einem Gefängnis? Wohnst du in einem Land, wo du dich nicht frei bewegen kannst? Lebst du in einer Diktatur, in der du nicht sagen kannst, was du denkst?"

Ich: „Nein, so meine ich das natürlich gar nicht. Ich bin nicht frei, weil ich abhängig bin. Ich bin abhängig von meinen Eltern, den Lehrern, irgendwie von dem ganzen System. Ich kann einfach nicht machen, was ich will!"

Mull: „Na klar, das verstehe ich. Egal, in welcher Gesellschaft du lebst – immer gibt es bestimmte Regeln. Du kannst nicht immer genau das machen, was du gerade willst. Aber allein auf der Welt leben ist auch keine verlockende Alternative. Deine Abhängigkeiten kannst du ändern. Nimm dir nicht zu viel vor. Mach Babyschritte!"

Ich: „Wie meinst du das?"

Mull: „Babyschritte sind kleine Schritte! Das heißt, wenn du mehr Freiheit willst, dann mach dich von deinen Eltern unabhängig. Also, wenn du zum Beispiel abhängig von dem Geld deiner Eltern bist, weil du kein eigenes hast, dann verdien welches. Vielleicht geht es schon nebenbei, vielleicht musst du deine Ausbildung noch zu Ende bringen – was auch immer – es ist jedenfalls möglich. Du brauchst einen festen Willen, Disziplin und Geduld. Und weil alles seine Zeit braucht, kannst du nur Babyschritte gehen. Aber du kommst deinem Ziel immer ein Stückchen näher. Viele kleine Erfolge!"

Ich: „Du hast recht, Mull! Wenn ich erst mal mein eigenes Ding mache und mein eigenes Geld verdiene, dann kann ich auch ein selbstbestimmtes Leben führen. Dann werde ich mich freier fühlen!"

Mull: „Das ist auf jeden Fall der richtige Schritt in die Unabhängigkeit. Setz dir klare Ziele, nicht zu groß und nicht zu hoch! Sei dankbar für die Freiheit, die du schon genießen kannst! Weißt du, was Schiller gesagt hat?"

Ich: „Nö!"

Mull: „Schiller hat gesagt: ‚Die schönsten Träume von Freiheit werden im Kerker geträumt!'"

Ich: „Ja, da ist was dran. Je weniger man hat und umso beschissener es einem geht, desto schöner sind die Träume. Oder vielleicht sind es auch nur mehr?! Das ist doch auch mit dem Geld so. Wenn einer reich ist, dann hat er keine Träume mehr. Jedenfalls keine, die mit Geld zusammenhängen. Der hat ja schon alles und kann sich über nichts mehr freuen."

Mull: „Was der Mensch im Überfluss hat, interessiert ihn irgendwann nicht mehr. Begeisterung, Freude und Jubel bleiben aus. Vielleicht träumt er von der Liebe!"

Ich: „Das kann sein. Die kann er sich nicht von seinem Geld kaufen."

Mull: „Es ist wichtig, dass wir die Menschen wertschätzen. Jeder Mensch verdient unseren Respekt. Jeder Mensch ist dankbar für ein Lächeln, für Aufmerksamkeit und für das Gefühl, von Bedeutung zu sein. Es ist ein guter Weg, neugierig, offen und warmherzig auf die Menschen zuzugehen. **Wenn wir Liebe geben, dann wird uns auch Liebe geschenkt.**"

Ich: „Was meinst du, Mulle? Sind die Menschen das Wichtigste?"

Mull: „Ja! Die Menschen sind das Wichtigste! Die Art und Weise, wie wir mit ihnen umgehen, ist von Bedeutung! Wenn wir in Harmonie mit den Menschen leben, nicht nur mit denen, die uns wichtig sind, dann fühlen wir uns wohl und glücklich."

Ich: „Was denkst du, Mull, wenn ich dir sage, dass Erfolg und Geld auch wichtige Werte sind? Natürlich nicht zu viel, aber so viel, dass man sich seine Wünsche erfüllen kann."

Mull: „Ich denke, es ist ein gutes Lebensziel, Erfolg in seinem Beruf zu haben. Denn Erfolge machen glücklich!“

Ich: „Und was ist mit Geld?“

Mull: „Na, was denkst du? Es ist gut, Geld zu haben. Aber es ist traurig, es stets allein auszugeben. Anderen Menschen eine Freude machen ist auch eine schöne Idee. Sich selbst eine Freude machen natürlich auch!“

Ich: „Ja, sich selbst Freude machen, das ist ein gutes Lebensziel. Wenn ich mich freue, kann ich auch anderen eine Freude machen, und das erfreut mich wieder.“

Mull: „Es ist gut, wenn du weißt, was dein Lebensziel ist. Es ist wunderbar, wenn du rechtzeitig dahinterkommst, was dich glücklich macht!“

Ich: „Ja, Mull, da sprichst du wahre Worte. Wenn man erst einmal alt ist, dann ist es für viele Dinge zu spät. Es ist sicher kein gutes Gefühl, schöne Sachen verpasst oder sein Leben nicht richtig gelebt zu haben. Und irgendwie ist es doch doof, wenn man dann immer sagt: Ach, hätte ich doch ...!“

Mull: „Es gibt eine Geschichte, ich weiß nicht woher sie stammt, aber in ihr liegt viel Weisheit. Ich möchte sie dir erzählen:

Der Rat einer alten Dame

Hätte ich die Möglichkeit, mein Leben noch einmal zu leben, ich würde es leben wie ein großes Fest. Ich würde mehr lachen und mich meiner Träume niemals schämen. Ich würde mehr auf meine innere Stimme hören und weniger auf die der anderen. Ich würde mir selbst öfter Geschenke machen. Ich würde öfter tanzen gehen und barfuss durch den Regen laufen. Ich würde die Gegenwart der Vergangenheit vorziehen und jeden Augenblick in seiner Einzigartigkeit genießen. Ich würde unter jedem Kieselstein ein großes Wunder und hinter jedem Blatt meines Apfelbaums eine kleine Fee vermuten. Könnte ich mein Leben nochmals leben, ich würde reisen und meine Erlebnisse in bunten Farben niederschreiben. Ich würde fremde Sprachen lernen und aus Fremden Freunde machen. Ich würde das Leben ernst nehmen, aber nicht jede Kleinigkeit, die es mit sich bringt. Über Probleme würde ich mir erst dann den Kopf zerbrechen, wenn sie wirklich da sind. Ich würde frühmorgens aufstehen, die Einzigartigkeit der aufgehenden Sonne genießen und spätabends neue Sterne am Firmament entdecken. Ich würde mehr lieben und weniger hassen, mehr lachen und weniger grübeln. **ICH WÜRDE EINFACH LEBEN.**

Ich: „Wow, das ist gut! Ich verstehe, was du mir mit der Geschichte sagen willst. Ich werde dem Leben positiv begegnen und jeden Tag nutzen. Und ich werde auf meine innere Stimme hören, damit ich auch genau das tun kann. Gar nicht so einfach, auf die innere Stimme zu hören."

Mull: „Es gibt eine entscheidende Frage, die du dir beantworten musst. **Was ist dein Traum von dir?"**

Ich: „Mein Traum von mir?"

Mull: „Wenn du auf diese Frage eine Antwort hast, dann weißt du auch ganz genau, was der Sinn deines Lebens ist und welche großen Ziele du in diesem Leben erreichen möchtest. Denk darüber nach!"

Was ist dein Traum von dir?

Eine Sache muss dir von vornherein klar sein: Es ist vollkommen unsinnig, auf das Glück zu warten. Es ist unrealistisch, zu hoffen, dass ein Traumprinz auf seinem Pferd vorbeikommt, um dich vor der Trübsinnigkeit und Langeweile dieser Welt zu bewahren. Es ist auch nicht gerade realitätsnah, auf einen dicken Lottogewinn zu spekulieren, der dir sämtliche berufliche Sorgen und Anstrengungen nimmt. Du wirst auch nicht ein Buch lesen, das dein Leben verändert. Du wirst auch keinen Guru treffen, der dich in paradiesische Zustände katapultiert. Es wird auch keine kleine Fee deinen Weg kreuzen, mit der du auf Wolke sieben schwebst. Du wirst keine Erleuchtung und keine Offenbarung haben. Also, bilde dir nicht ein, es würde irgendetwas geben, was dich dauerhaft glücklich macht. Es kann nichts passieren, was dich pausenlos und ewig glücklich stimmt. Solltest du trotzdem daran glauben, dann wirst du zwangsläufig enttäuscht werden. Was dich glücklich machen wird, ist, das Glück im Alltäglichen und Gewohnten zu finden.

Glück ist die Fähigkeit, sich an den kleinen Dingen zu erfreuen und dankbar zu sein.
Glück ist die Aufgabe, Menschen wertzuschätzen und liebevolle Rituale zu pflegen.
Glück ist die Möglichkeit, Neues zu lernen und Ziele zu erreichen.

Wenn du also über deinen ganz persönlichen Traum von dir nachdenkst, dann überleg zuerst (vielleicht mithilfe des kleinen Glückstests), wie glücklich du dich eigentlich fühlst.

Was möchtest du gern in deinem Leben verändern?
Welche Probleme hast du? Womit bist du richtig unzufrieden?
Was gefällt dir besonders gut? Was möchtest du weiter hegen und pflegen? Welche Rituale würden dich glücklich machen?
Was sind deine wichtigsten Werte?

Wo siehst du dich in zehn Jahren? Wie siehst du aus? Hast du einen Lebenspartner? Bist du verheiratet? Hast du Kinder? Was machst du beruflich? Welche Leute kennst du? Welche Freunde hast du? Welche Interessen hast du? Was tust du in deiner Freizeit?

Versuche, dein Lebensziel zu definieren und herauszufinden, was für dich wirklich wichtig ist. Wenn es irgendwie geht, dann mache das mit dir ganz persönlich aus. Weder die Meinung der Eltern noch der Freunde sollten hierbei eine Rolle spielen. Denn nur du ganz allein kannst einen Traum von dir träumen.

Wenn es für dich außerordentlich wichtig ist, einen festen Freund bzw. Freundin zu finden, dann ist das auch ein lohnenswertes Ziel. Und du wirst dich glücklich fühlen, wenn du es erreicht hast. Was du tun kannst, um hier erfolgreich zu sein, will ich dir in Wake-up 7 verraten. Es handelt sich hierbei allerdings nicht um einen raffinierten Trick oder ein Geheimrezept, es sind vielmehr bewährte Verhaltensstrategien, mit deren Hilfe du deinen Zielen ein Stück näher kommen kannst.

Wenn es für dich absolut erstrebenswert ist, in der Schule gute Noten zu bekommen und ein tolles Abitur zu machen, dann hast du bestimmt auch schon einen Wunschberuf im Kopf. Vielleicht hast du dir aber auch noch nichts Konkretes ausgedacht, willst aber auf jeden Fall Karriere machen und viel Geld verdienen. Ein schickes Auto, tolle Klamotten, eine Eigentumswohnung, aufregende Reisen und rauschende Feste – all das ist dir wichtig. In Wake-up 6 bekommst du einige Tipps, die dir helfen, nicht nur zu träumen und zu planen, sondern auch zu handeln.

Wenn es dein Traum ist, eine gute Figur zu bekommen und eine Sportart zu finden, die du gut und gern ausübst, oder das Training deines Lieblingssports zu intensivieren, dann ist das auch ein akzeptables Lebensziel. Du gibst dem Sport einen besonderen Stellenwert in deinem Leben, weil du Freude am Training hast und weil es dich glücklich macht, einen gesunden, starken und attraktiven Körper zu haben.

Ein Lebensziel kann alles sein, was dich glücklich stimmt und was mit deinen Wertvorstellungen zusammenpasst. Es ist eine übergeordnete Vision, die unsere Lebensqualität verbessern soll, aber nicht von heute auf morgen zu erreichen ist. Deswegen ist es wichtig, sich Teilziele zu setzen und Babyschritte zu gehen (mehr dazu in Wake-up 5).

Eine alte Weisheit von Aristoteles lautet: *„Jeder ist seines Glückes Schmied."*

Wenn Lebensziel und Wertvorstellungen feststehen, kannst du noch eine wertvolle Kleinigkeit berücksichtigen, die deinen Lebenssinn vervollständigt. Das ist ein bisschen schwierig für mich, denn ich möchte mich nicht mit moralisch-pastoralen Klängen in deinen Ohren festsetzen. Ich will aus dir auch keinen besseren Menschen machen und die Rückkehr oder bedingungslose Zuwendung zur Religion einfordern. Nein, ich bin kein Moralapostel. Ich finde es nur gut, es als einen Lebenssinn zu betrachten, ein tugendhafter Mensch zu sein. Zumindest der Versuch, im christlich-pädagogischen Sinne, ein guter Mensch zu sein, ist in meinen Augen ein beglückendes Ziel.

Ich möchte aus dem Buch „Der Glücks-Faktor" von Martin E.P. Seligman folgende Passage zur Tugendfindung zitieren: *„Unter der Leitung von Katherine Dahlsgaard lasen wir Aristoteles und Plato, Thomas von Aquin und Augustinus, das Alte Testament und den Talmud, Konfuzius, Buddha, Laotse, Bushido (den Samurai-Code), den Koran, Benjamin Franklin und die Upanischaden – alles in allem insgesamt 200 Tugend-Kataloge. Zu unserer Überraschung unterstützen all diese Traditionen – verteilt über 3000 Jahre und die gesamte Erdoberfläche – sechs Tugenden:*

- *Weisheit und Wissen*
- *Mut*
- *Liebe und Humanität*
- *Gerechtigkeit*
- *Mäßigung*
- *Spiritualität und Transzendenz."*

NOBODY IS PERFECT! Aber überleg doch mal, ob es für dich auch mehr Lebensglück und Lebenssinn bedeuten kann, an andere Menschen zu denken, mitfühlend und hilfsbereit zu sein. Kann es nicht auch ein gutes Gefühl sein, Verantwortung für andere zu tragen, Ungerechtigkeiten nicht immer schweigend hinzunehmen, Mut zu haben und Zivilcourage zu zeigen? Entscheide selbst und mal dir in Gedanken ein Bild, wie deine Welt sein sollte.

Platz zum Aufschreiben ...

Was ist dein Traum von dir?

Was sind deine großen Lebensziele?

Was sind deine drei wichtigsten Werte?

Wake-up 4

Sei stark und zeig, wer DU bist!

„Wer keinen Vogel hat, der hat ein leeres Nest im Kopf!“ (Autor unbekannt)

Und wer will schon ein leeres Nest im Kopf haben? Wer will schon leer und hohl sein? Findest du es gut, wenn einer über dich sagt: „Wer? Kenne ich nicht. Ach, so! Ja, ich erinnere mich flüchtig. Bisschen unauffällig. Bisschen langweilig. Eine graue Maus. Vielleicht ganz nett. Aber irgendwie erinnere ich mich auch nicht. Keine Aussagekraft. Keinen Erinnerungswert. Wahrscheinlich schüchtern. Ich weiß nicht. Wie war noch mal der Name? Hab ich jetzt schon wieder vergessen!“

Dann doch lieber einen Vogel haben. Einen sympathischen Vogel, versteht sich. Bunt, laut und wunderschön. Ein bisschen verrückt und schräg, aber aufregend und spannend. Dann doch besser ein Mensch mit Ecken und Kanten sein. Ein Mensch, den andere interessant finden und den sie kennenlernen möchten. Ein Mensch, der etwas zu sagen hat und in Erinnerung bleibt. Ein Mensch mit Selbstbewusstsein und einer tollen Ausstrahlung. Ein Mensch, der sich selbst liebt und authentisch ist. Na, was sagst du? Klingt doch gut. Wobei es nicht nötig ist, vor lauter Selbstsicherheit und Charme förmlich auseinanderzubersten und immer den coolen Entertainer zu spielen, an den sich alle Welt erinnert. Du darfst auch schüchtern und zurückhaltend sein. Und es ist auch in Ordnung, wenn nicht jeder Mensch sich deinen Namen merken kann. Eine Sache allerdings ist ausgesprochen wichtig. DAS SELBSTWERTGEFÜHL.

„Von allen Urteilen, die wir in unserem Leben fällen, ist keines wichtiger als das Urteil, das wir über uns selbst fällen.“ (Zitat aus dem Buch „Die 6 Säulen des Selbstwertgefühls“ von Nathaniel Branden)

Du musst dir vorstellen, dass deine Selbstwahrnehmung – alles, was du über dich denkst, was dein Aussehen, deinen Charakter, deine Stärken und Schwächen betrifft – ganz, ganz wichtig ist. Ein gutes Selbstwertgefühl ist nicht nur der Garant für eine positive Ausstrahlung, sondern eine Voraussetzung für das persönliche Glück und für berufliche Erfolge. Das heißt, ob du nun Karriere machen oder deinen Traumpartner finden und behalten willst, beides ist nur möglich, wenn du ein gutes Selbstwertgefühl hast.

Von den 7 Wake-ups in diesem Buch ist dieser Weckruf der wichtigste, denn die Selbstachtung und der Eigenwert, den du dir selbst zumisst, bestimmen dein gesamtes Leben. Die Psychologen gehen davon aus, dass der Grundstein für ein gesundes Selbstwertgefühl in den ersten zwei Lebensjahren gelegt wird. Es ist die Aufgabe der Eltern, ihrem Kind Zuneigung und Anerkennung zu geben. Wenn ein Kind gelobt und ermutigt wird, dann kann das Selbstbewusstsein immer weiter wachsen. Wird es jedoch häufig beschimpft, kritisiert und kleingemacht, dann schrumpft auch das Selbstvertrauen. Später ist das Selbstwertgefühl umso größer, je unabhängiger es von der Umwelt und anderen Menschen gemacht wird. Es darf sich nicht nur auf Aussehen, Talent, Macht oder Geld begründen, sondern muss vielmehr ein starker, ausgeglichener Kern in unserem Innersten sein. Es ist der sichere Umgang mit uns selbst und der Umwelt. Eine Kritik von außen kann dann als solche angenommen werden, hat aber nicht die Möglichkeit, am Selbstwertgefühl zu kratzen.

Menschen, die gar kein Selbstbewusstsein haben, fühlen sich minderwertig. In ihrer Gedankenwelt sind sie nicht liebenswert, wertlos und überflüssig. Sie neigen dazu, keinen Sinn im Leben zu sehen und traurig und depressiv zu werden. Wenn du ein Kind warst, das von seinen Eltern nicht nur geknuddelt und geknutscht wurde, sondern darüber hinaus viel positive Wertschätzung erfahren hat, dann stehst du jetzt schon mal auf der Sonnenseite. Sollte dir als Kind nicht so viel Aufmerksamkeit und Anerkennung entgegengebracht worden sein, dann stehst du aber auch nicht automatisch auf der Schattenseite. Denn es liegt allein in deinen Händen, mit welchem Selbstwertgefühl du dein Leben leben möchtest. Du hast die Chance, dein Selbstvertrauen zu stärken und aufzubauen. Auch hier spielen die Gedanken bzw. die Gedankenhygiene eine große Rolle, denn du solltest damit aufhören, dich in Gedanken kleinzumachen. Wenn in deinem Kopf immer herumgeistert: Ich bin nicht liebenswert! Ich kriege nichts auf die Reihe! Andere sind immer besser als ich! Ich sehe nicht gut aus! Nichts kann ich richtig gut! Ich bin nichts wert! – dann wundere dich nicht, wenn dein Selbstbewusstsein voll in den Keller rutscht.

Es ist klug, nicht schlecht über sich selbst zu reden oder zu denken.

Mach dich nicht klein!

Einfacher gesagt als getan, denkst du jetzt sicher. Wenn du dir deine Stärken und Interessen anschaust und jetzt denkst, dass du nichts richtig gut kannst, was für dich eine unumstößliche Wahrheit ist, wie – verflixt noch mal! – sollst du es dann schaffen, nicht schlecht über dich zu denken? Na ja, du musst nicht schlecht über dich als Gesamtpersönlichkeit denken, nur weil ein Teilbereich dich nicht zufriedenstellt. Außerdem gibt es auch Menschen, die viele kleine Talente haben, also nichts so richtig gut können und trotzdem sehr erfolgreich sind. Selbstverständlich hast du auch noch eine weitere Möglichkeit: Du kannst die Situation ändern! Wähle eine deiner Stärken oder Interessen aus, die du gern vertiefen würdest, und fang an zu trainieren. Viele Dinge sind nicht gottgegeben, sondern Fleiß, Disziplin und Übung führen zum Erfolg. „Übung macht den Meister!" Ein altes Sprichwort, in dem viel Wahrheit steckt.

Einen großen Schritt in die richtige Richtung machst du, wenn du dich nicht von dem Urteil anderer Menschen abhängig machst, und wenn du es schaffst, das, was du kannst, positiv zu bewerten. Jeder Mensch ist in seiner Persönlichkeit einzigartig und hat viele innere und äußere Werte, auf die es sich lohnt, stolz zu sein. Dich selbst anzunehmen, so wie du bist, mit deinen Highlights und deinen Schwächen, ist eine wichtige Basis, um auch nach außen selbstbewusst und selbstsicher zu erscheinen. Vergleiche mit anderen Menschen oder Lebenssituationen bringen gar nichts. Vergleichst du dich mit denen, die ärmer dran sind, dümmer oder hässlicher, wirst du dich auch nicht besser fühlen. Vergleichst du dich ständig mit Menschen, die außergewöhnlich erfolgreich, attraktiv und prominent sind, wird das dein Selbstwertgefühl nicht unbedingt stärken. Du wirst dich kleinmachen und dich minderwertig fühlen. Also, eine schlechte Idee.

Wie oben schon erwähnt, ist es absolut legitim, sich verbessern zu wollen. Die Motivation sollte hier eine zusätzliche Stärkung des Selbstbewusstseins sein und nicht unbedingt die Flucht aus dem Dilemma geballter Minderwertigkeitskomplexe. Mach dich nicht verrückt, wenn du zum Beispiel ein paar Kilo zu viel hast. Du musst dir sagen: „Hey, ich habe ein paar Kilo zu viel. Na und? Davon geht die Welt nicht unter. Ich sehe trotz der Kilos gut aus und bin ein guter Typ!"

Wenn du glaubst, dein Wohlbefinden wäre noch größer, wenn du diese Kilos nicht hättest, dann schaffe sie dir vom Hals, oder von den Hüften oder vom Bauch. Mache diese

Entscheidung nicht von deiner Umwelt abhängig, also von dem, was andere Leute über dich denken! Zeige dich unbeeindruckt von Fotos aus Illustrierten oder Werbesendungen im Fernsehen! Glaubst du, es ist wichtig für dich, dann gehe deinen Weg. Gehe ihn mit dem Bewusstsein, dass auch ein Leben mit ein paar Kilo zu viel ein sehr glückliches Leben sein kann. **Nichts macht attraktiver als ein gutes Selbstwertgefühl.**

Die Brille

Ich war in der fünften Klasse eines Mädchengymnasiums, als meine Mutter beschloss, einen Augenarzt mit mir aufzusuchen. Ich hatte schon seit einiger Zeit die Vorahnung, dass mit meinen Augen etwas nicht stimmen konnte. Schon in der Grundschule, wo jeder gern an den vorderen Tischen, nahe der Lehrerin sitzen wollte, konnte ich in den letzten Reihen das Geschriebene an der Tafel nur verschwommen erkennen. Wenn die Schüler dann mit Raffinesse probierten, nach vorn gesetzt zu werden – „Wir können hier hinten gar nichts sehen!“ – stimmte ich in den Chor mit ein, weil ich tatsächlich nichts sehen konnte. Zu Hause auf dem Sofa saß ich vorgerückt und mit zusammengekniffenen Augen, manchmal auch nervös zwinkernd, um das Bild im Fernseher besser zu erkennen.

Der Augenarzt diagnostizierte schnell: Kurzsichtigkeit! Eine Brille musste her! Und so kam es dann auch. Ich war elf Jahre alt, als ich meine erste Brille bekam und meine Gefühlswelt mächtig ins Wanken geriet. Ich heulte wie ein Schlosshund. Obwohl ich von dem Ergebnis schlichtweg begeistert war: Ich konnte alles sehen, so schön und klar. Die Brillen und Preise im Schaufenster des Optikers, die ich anschließend in aller Ruhe von draußen studierte, boten ein spannend klares Bild. Und trotzdem war meine Welt von einem Tag auf den anderen nicht mehr ganz in Ordnung.

Ich hasste meine Brille. Ich hatte ein braunes Horngestell, damals normal und heute in Mode, und meine Verwandten versicherten mir, dass ich mit Brille gut aussehen würde. Egal, was sie sagten, ob nun andere auch eine Brille tragen müssten oder ich später Kontaktlinsen tragen könnte, oder die Brille einfach nur gut zu mir passen würde ... alles war sinnlos. Ich fühlte mich nicht cool mit Brille! Nicht schön! Nicht sicher! Ich kam mir doof vor! Die Brille blieb, wie sollte es anders sein, meistens im Etui zwischen den Büchern in meinem Toni. Ich erinnere mich noch, wie hektisch und verzweifelt ich in meinem Tornister nach der Brille gewühlt habe, als meine Grundschulfreundin meine Mutter in der Straßenbahn entdeckte. „Hey, da ist deine Mutter! Deine Mutter ist in der Straßenbahn!“

Ich, ganz nervös: „Meine Mutter! Ach, du Scheiße! Wo ist die verdammte Brille?!" Ich hockte mich zwischen all den anderen Fahrgästen auf den Boden und durchkramte gehetzt meine Schultasche. „Carmen, Schatz, was machst du da?", hörte ich meine Mutter sagen, die sich mittlerweile zu uns vorgekämpft hatte. „Hallo, Mutti!", antwortete ich, während ich langsam wieder hochkam. Ich strahlte sie mit meinem frisch bebrillten Gesicht an. „Was machst du denn hier?" Die Zeit ging ins Land und ich gewöhnte mich an die Tatsache, eine Brille tragen zu müssen. Es folgten andere modische Modelle, doch der große Aha-Effekt blieb aus. Das Gefühl, nicht gut auszusehen mit Brille, blieb. Ich machte mich klein, fühlte mich minderwertig. Mit 18 Jahren bekam ich dann Kontaktlinsen. Sie waren groß und hart, und bei der ersten Anprobe sah ich aus, als wäre meine ganze Familie gestorben. Ich konnte die Augen keine paar Sekunden aufhalten ohne zu zwinkern und sie tränten sich rot und klein, bis sie das Format von Schweinsaugen hatten. Aber das war mir die Sache wert. Ich blieb dran und versuchte es immer wieder. Bis ich es geschafft hatte und stolze Trägerin eines Paares Kontaktlinsen war. Die Kontaktlinsen wurden zum absoluten Heiligtum erklärt und katapultierten mein Selbstwertgefühl in gigantische Höhen. Ich trug überhaupt gar keine Brille mehr. In den folgenden Jahren zog ich es vor, mit knallroten Augen loszuziehen, statt mit meiner Brille. Wenn ich, was ein paarmal vorkam, eine Bindehautentzündung auf einem Auge hatte, dann ging ich halt mit einer Linse los. Und selbst wenn ich dann ganz blöd die Treppe runtergefallen wäre, wäre das immer noch besser gewesen, als mit Brille rumzulaufen.

Kannst du dir das vorstellen? Habe ich meinen Schaden ausreichend plastisch beschrieben? Ich muss gerade an einen alten Hollywoodstreifen mit dem Titel „Wie angelt man sich einen Millionär?" denken. Eine der Hauptrollen spielt Marylin Monroe, die kurzsichtig und trottelig vor eine Wand läuft, oder in einer anderen Szene das Buch verkehrt herum hält. Sehr sympathisch und lustig dargestellt, aber im echten Leben wirkt es behämmert! Mittlerweile trage ich meine Brille und meine Kontaktlinsen im Wechsel, je nach Laune und Situation, aber Gott sei Dank immer mit einem gesunden Selbstbewusstsein. Früher hätte ich eher auf einen schönen Ausflug oder eine gute Party verzichtet, als mich mit Brille blicken zu lassen. Heute setze ich auf Spaß und mehr Lebensqualität.

Beantworte dir einmal folgende Frage: Lohnt es sich, auf schöne Dinge zu verzichten oder sich zu maßregeln und zu quälen, nur weil man nicht genügend Selbstbewusstsein hat?

Keine gute Figur, keine tolle Haut, keine Kontaktlinsen, keine schönen Haare können dir die Freude bringen, die du hättest, wenn du mit netten Leuten ganz selbstbewusst einfach eine gute Zeit verbringst. Denk hier auch an unser Wake-up 2. Wenn du dich schön fühlst, dann kommst du auch gut rüber. Es ist also unsinnig, sich permanent einzureden, ein hässliches Entlein zu sein, nur weil irgendwelche Kleinigkeiten nicht perfekt sind. Es sind lediglich kleine Defizite, die oftmals nur für einen selbst sichtbar sind.
Ich kenne Mädchen und junge Frauen, die ebenfalls das „Brillenproblem“ haben. Das weibliche Geschlecht ist im Klein- und Runtermachen der eigenen Attraktivität ohnehin unangefochtener Weltmeister. Einige sind dem gefährlichen Magerwahn erlegen, andere denken schon an Brustvergrößerung und die nächsten können nicht ungeschminkt das Haus verlassen. Hier sind die Jungs um einiges schlauer. Obwohl auch sie von Minderwertigkeitskomplexen der unterschiedlichsten Art gepeinigt werden können, haben die meisten von ihnen beim Blick in den Spiegel ein ganz gutes Gefühl. Selbstbewusst betrachten sie ihr Äußeres und denken: „Gar nicht so schlecht, Alter!“ Bei Gedanken wie „Bauch zu dick!“ oder „Arsch zu fett!“ oder „Haar zu dünn!“ wissen wir: Hier hat kein Mann in den Spiegel geschaut.

„Schön ist eigentlich alles, was man mit Liebe betrachtet.“ (Christian Morgenstern)

Wie baue ich mein Selbstwertgefühl auf?

Die ganze Sache hat viel mit Selbstliebe zu tun, das heißt, mit der Art und Weise, wie wir uns betrachten. Das Ergebnis unserer Selbstbetrachtung kann unterschiedlich ausfallen:

1. *Ich finde mich gut und liebenswert. Ich mag mich. Ich möchte das Leben genießen.*
2. *Ich mag mich nicht. Ich bin ein Verlierer. Das Leben ist schwer.*

Du kannst erkennen, ob gelegentlich gegen deinen Willen Negativbotschaften in deinen Kopf flattern, um dein Selbstwertgefühl zu erschüttern. Das könnten zum Beispiel folgende Botschaften sein:

Ich bin nicht intelligent genug.
Ich werde nie gut bei den Mädels ankommen.
Ich mache nur Fehler.
Ich werde das mit dem Job niemals packen.

Alle kriegen schon jetzt mehr auf die Reihe als ich.
Ich mag nicht, wie ich aussehe.
Keiner kann mich richtig leiden.
Ich werde in diesem Leben nichts erreichen.
Ich schaffe es noch nicht mal, ein Mädchen anzugucken, geschweige denn anzusprechen.
Kein Typ nimmt Notiz von mir.
Ich habe keine Ausstrahlung.
Ich bin immer nur angepasst, weil ich mich nicht traue, meine Meinung zu sagen.
Immer mache ich alles verkehrt.
Ich bin sportlich eine Lusche, alle anderen sind besser als ich.
Ich bin ein Versager. Ich bin ein Jasager.
Ich habe null Ausstrahlung.

Diese Aufzählung lässt sich unendlich fortführen, weil es jede Menge Selbstbewusstseinskiller gibt, die ungebremst in unser Hirn und unser Herz schießen und uns die schöne Idee vom Glücklichsein versauen wollen. Wie sieht es mit dir aus? Hast du einen der oben genannten Killer schon mal in dich reingelassen? Wenn ja, dann weißt du, dass es sich nicht gut anfühlt. Ein Psychologe und Profi auf dem Gebiet des Selbstwertgefühls ist Nathaniel Branden. Er schreibt in seinem Buch „Die 6 Säulen des Selbstwertgefühls. Erfolgreich und zufrieden durch ein starkes Selbst":

„Die Praktiken, die ich als die sechs Säulen des Selbstwertgefühls bezeichne, sind:
Bewusst leben
Sich selbst annehmen
Eigenverantwortlich leben
Sich selbstsicher behaupten
Zielgerichtet leben
Persönliche Integrität."

Für Branden sind diese sechs Praktiken ausschlaggebend und er empfiehlt, hier den Grad der „Perfektion" zu erreichen, also das Durchschnittsniveau der eigenen Leistungen zu erhöhen.

- **Bewusst leben** bedeutet, nicht schlafwandlerisch durch die Gegend zu wandeln. Den Verstand aktiv zu nutzen. Wach im Augenblick zu leben.

- **Sich selbst annehmen** heißt, sich selbst wertschätzen. Für sich selbst da sein. Sich hegen und pflegen. „Ich stehe auf meiner Seite!"

- **Eigenverantwortlich leben** heißt, selbst die Kontrolle über sein Leben zu haben und die Verantwortung für sein Handeln, seine Ziele und Wünsche zu übernehmen.

- **Sich selbstsicher behaupten** bedeutet, sich nicht schüchtern zurückzuziehen und sich in einem Loch zu verkriechen, oder Angst zu haben, zu seiner eigenen Meinung und seinen Wünschen zu stehen und diese entsprechend zum Ausdruck zu bringen.

- **Zielgerichtet leben** heißt nicht nur, sich feste Ziele im Leben zu setzen, sondern auch zu handeln und auf die Ziele hinzuarbeiten. Die Gedanken müssen in die Praxis umgesetzt werden, um die Ziele zu erreichen.

- **Persönliche Integrität** bedeutet, zu seinen Wertvorstellungen und Überzeugungen zu stehen und dabei authentisch zu wirken. Worte und Verhalten sollten übereinstimmen. So werden wir als starke und vertrauenswürdige Persönlichkeit wahrgenommen.

Mit Rat und Tat

Um an dieser Stelle doch einmal ein paar praktische Tipps loszuwerden, möchte ich dir von meinen Selbstbehauptungskursen erzählen, bei denen schon Erstklässler viel Spaß haben. Wir sitzen zum Beispiel auf der Erde im Kreis und machen uns superklein. Schultern einziehen. Kopf nach unten. Ganz winzig. Hier unten sollen die Kinder jetzt rufen: „Ich bin stark ..." Was glaubst du, was kommt? Es kommt ein ganz müdes und schlappes „Ich bin stark!“ Es klingt wenig überzeugend. Danach richten sich die Kinder wieder auf. Sie strecken die Hände in die Höhe. Machen sich ganz groß und gerade. Wenn du jetzt sagst: „Ruf doch mal: ‚Ich bin schwach!‘“ wird es keiner hinkriegen. Lauthals brüllt die ganz Truppe: „Ich bin stark!“ In dem gleichen Kurs lernen die Kinder auch, einer anderen Person fest in die Augen zu schauen und ein deutliches NEIN zu sprechen, wenn sie etwas nicht tun wollen.

Die Körpersprache ist also ganz entscheidend. Wenn wir uns den Anschein geben, selbstbewusst zu sein, dann werden wir auch so rüberkommen. Dabei helfen eine aufrechte Körperhaltung, ein fester Händedruck, den Augenkontakt halten, eine deutliche Sprache, eine kräftige Stimme und ein neugieriges, offenes Wesen.

Wenn du so tust, als wärst du selbstsicher, ist es nur eine Frage der Zeit, und du bist es auch. Das mentale Training ist eine Übungsform, die dir hilft, diese Art von Gedankenkontrolle zu lernen. Mehr dazu erfährst du im nächsten Wake-up, in dem es um deine Ziele und Visionen geht.

Kleine Hilfestellungen bei dieser Art von Training sind:

- Erinnerungszettelchen (positive Sätze) in der Wohnung aufhängen
- Sich mit Menschen umgeben, die einem guttun
- Negative Gedanken in positive verwandeln
- Nicht schlecht über sich selbst reden

Image und Selbstinszenierung

Image bezeichnet das innere Gesamt-und Stimmungsbild bzw. den Gesamteindruck. Es bedeutet auch die Vorstellung einer Person und stellt die Frage: Wie werde ich von anderen wahrgenommen? Es gibt ja immer eine Selbstwahrnehmung und eine Fremdwahrnehmung, und es ist durchaus sinnvoll, wenn diese beiden Perspektiven übereinstimmen. Denn nur die Selbsterkenntnis führt zum Erfolg und letztendlich auch zu einem gesunden Selbstwertgefühl.

In der Wahrnehmungs-und Kommunikationspsychologie gibt es mittlerweile professionelle Berater, die deine Außenwirkung näher unter die Lupe nehmen und prüfen, ob der erste

Eindruck, den du vermittelst, auch wirklich ein positiver ist. Sie sagen, dass das Erscheinungsbild die beste Seite einer Person zum Vorschein bringen sollte. Wie siehst du aus? Wie trittst du auf? Wie bist du im persönlichen Gespräch? Wie wirkt etwas Geschriebenes (zum Beispiel eine Bewerbung) von dir? Eine automatische Schlussfolgerung ist hier: Willst du erfolgreich sein, lohnt es sich, über dein Image nachzudenken.

Die Selbstinszenierung ist eine absichtlich zur Schau getragene Selbstdarstellung. Sie wird bewusst kontrolliert und verfolgt gezielt den Zweck, Einfluss auf andere zu nehmen und die öffentliche Wahrnehmung zu manipulieren. Hier geht es um trainiertes Verhalten von Mimik und Gestik, ebenso wie um Kleidung, Frisur, Schmuck und Accessoires. „Kleider machen Leute", sagt ein altes Sprichwort, in dem so viel Wahrheit liegt. Eine Selbstinszenierung ist durchaus eine gute Idee, wenn es zum Beispiel um ein Stellenangebot oder um eine Werbestrategie geht.

„Die einen sind im Dunkeln, die anderen sind im Licht;
Man sieht nur die im Lichte, die im Dunkeln sieht man nicht."
(Bertolt Brecht)

Wer DU bist und wie DU auf andere wirken möchtest, kannst nur DU selbst entscheiden!
Welches Image oder welchen kleinen Vogel DU dir zulegst, entscheidest auch DU!
ZEIG, WER DU BIST!

Talk mit Mull

Wake-up 4 „Sei stark und zeig, wer DU bist!“

Ich: „Hey, Mull, was guckst du so bedröppelt?“

Mull: „Oh, mein Freund, die Sache mit dem Selbstbewusstsein macht mir doch ein bisschen zu schaffen.“

Ich: „Zu schaffen? Versteh ich nicht! Hast du etwa Selbstzweifel? Kann doch nicht sein! Du bist doch ein tolles Tierchen!“

Mull: „Tolles Tierchen? Schau doch nur, wie ich aussehe! Wie ein kleines, abartiges Fleischwürstchen! Mit viel zu großen Zähnen! Ich bin ausgesprochen hässlich!“

Ich: „Hässlich? Du bist doch nicht hässlich! Du bist nackt und faltig, und das sieht richtig süß aus!“

Mull: „Süß? Danke, mein Freund. Ich glaube, das siehst nur du so. Der Rest der Welt nennt mich ‚aufgeplatzter Hotdog‘, ‚Säbelzahnwürstchen‘ oder ‚bezahnter Schniedel‘!“

Ich: „Was für ein Quatsch! Du bist großartig! Du bist Kult!“

Mull: „Findest Du? Ich finde gut, was du sagst! Das gibt mir sehr viel Selbstvertrauen! Und wenn ich länger darüber nachdenke, muss ich feststellen, dass ich wirklich ein tolles Tierchen bin. Ich bin klug und weise! Ich bin Kult!“

Ich: „Ja, das bist du. Und wenn dich irgendjemand etwas anderes glauben machen will, dann sei nicht so dumm, auf ihn zu hören!“

Mull: „Du bist auch klug und weise. Du solltest dich immer mit Menschen umgeben, die es gut mit dir meinen und die dein Selbstvertrauen stärken!“

Ich: „Ja, das ist eine gute Idee. Denn selbst wenn man ein gutes Selbstvertrauen hat, rutscht es ab und zu in den Keller!“

Mull: „Vergiss die Macht der Gedanken nicht. Eine alte persische Erzählung berichtet von einem buckeligen Prinzen. Er ließ sich ein Standbild anfertigen, das ihn in aufrechter Haltung zeigte. Er betrachtete es täglich und wurde selbst aufrecht und groß. Der Psychologe William James sagte dazu: ‚Wer sich wandeln will, muss alte Gewohnheiten durch neue ersetzen. Man bildet seinen Charakter und seine Zukunft durch seine Gedanken und Taten.‘ **Drum denk nur gut über dich!**“

Ich: „Ja, das mache ich. Ich bin einzigartig! Ich bin wertvoll!“

Mull: „Du bist wie ein Klumpen Gold. Man kann dich ins Meer werfen, dich zerschlagen oder dich verbuddeln – nichts, rein gar nichts, verändert deinen Wert. Du bist wertvoll!“

Ich: „Ich verstehe, was du mir sagen willst. Es ist ganz egal, ob mich die Menschen blöd anmachen, unterdrücken, beleidigen oder mich kleinmachen wollen – ich weiß um meinen inneren Wert und der ist durch nichts zu erschüttern!“

Mull: „Die Liebe zu dir selbst und der Glaube an dich selbst werden die Berge versetzen, die du gern versetzt haben möchtest!“

Ich: „Ich möchte stark und mutig sein und zeigen, wer ich wirklich bin!“

Mull: „Ich kenne ein Gedicht von Karl Henckell, einem deutschen Dichter. Hör doch mal!“

Sei stark!

Es sprach mein Herz,
es sang mein Herz:
Sei stark und fröhlich auf der Welt!
Was dir missglückt,
Was dich bedrückt,
Wirf hinter dich aufs Totenfeld!

An Mute klein
Kann jeder sein,
Was ist denn da Besondres dran?
Das Leben ist
Voll Kampf und List –
Weh dem, der's nicht vertragen kann!

Ein armer Wicht
Wer gleich verzicht
Und senkt sein Fähnlein in den Staub!
Du denk und dicht
Ins Morgenlicht
Und weißt du nicht wie's geht, so glaub!

Schwarzsehern traun,
Heißt Särge baun,
Sollst dorthin schaun, wo winkt ein Held.
Es sprach mein Herz,
Es sang mein Herz:
Sei stark und fröhlich trotz der Welt!

Ich: „Schönes Gedicht. Genau so möchte ich sein: stark und fröhlich! Ich überlege noch, ob ich mir noch ein bestimmtes Image zulegen soll."

Mull: „Ein Image ist etwas, das andere sofort mit deiner Person identifizieren können. Der erste Schritt, seinen Imagewert zu entdecken, ist die Selbsterkenntnis. Es muss irgendwie zu dir passen. Etwas, das dich ausmacht und wozu du hundertprozentig stehen kannst. Ein aufgesetztes Image oder eine gekünstelte Art wirken doch langweilig oder lächerlich. Es ist auch gar nicht sinnvoll, einen anderen Menschen, zum Beispiel einen Freund oder auch einen Prominenten, zu kopieren und sich seine Auffälligkeiten, Merkmale oder Verhaltensweisen anzueignen."

Ich: „Aber wenn mir doch etwas gut gefällt, dann kann ich es doch auch übernehmen, oder?"

Mull: „Was du auf jeden Fall kannst – was sogar sehr, sehr sinnvoll ist –, ist von anderen lernen. Vergiss aber nicht, in dich hineinzuhorchen und erkenne, wer du wirklich bist und wie du auf andere wirken möchtest. Je mehr dein Inneres mit deinem Äußeren übereinstimmt, umso überzeugender ist die Ausstrahlung, die du auf andere Leute haben wirst."

Ich: „Ich will eine gute Ausstrahlung haben, ich will echt wirken!"

Mull: „Ja, es ist wichtig, authentisch zu sein, dann ist es auch ganz egal, ob du die Frisur von Robert Pattinson kopierst, den Blick von Bruce Willis, das Lachen von Heidi Klum, die Bauchmuskeln von Ronaldo, das Redetalent von Obama oder die Tanzschritte von Beyoncé."

Wenn du Lust hast, dann nutze die folgende Seite, um alles aufzuschreiben, was deine einzigartige Persönlichkeit ausmacht. Schreib deine Stärken und Fähigkeiten, deine positiven äußeren und inneren Merkmale und deine Erfolge (alles was du bisher geschafft hast) auf.

Mach dich nicht klein! Das heißt: Schreib alles auf, egal, ob du die Zwei in Mathe bekommen, den Schreibmaschinenkurs geschafft, deinen kleinen Bruder zum Lachen gebracht oder einen Ausbildungsplatz gefunden hast. Schreib bitte auf, wenn du deinen Gang toll findest, oder die Art, wie du auf andere zugehst, deinen Witz, deine Hilfsbereitschaft, deine Ohren oder deine Hände ... schreib alles auf ... es ist wie ein Flow an positiven Gedanken. Wenn du einen Hänger hast, dann frag deine Eltern, was sie an dir lieben oder worauf sie stolz sind. Gute Freunde können hier auch eine Hilfe sein. Wenn du dich mit ihren Aussagen identifizieren kannst, dann schreib sie bitte auf!

Wenn dich ein wenig Selbstkritik plagt oder dich Selbstzweifel überkommen, dann überlege, ob und wie du diese negative Botschaft in etwas Positives verwandeln kannst. Dann schreib sie bitte auf.

Wenn dir etwas nicht gefällt an dir, du es aber ändern könntest, dann schreib auf, worum es sich handelt und dann ändere es. Es ist eine gute Idee, einen täglichen Blick auf dein Blatt mit den positiven Selbststeinschätzungen zu werfen. Die für dich wichtigsten Aussagen kannst du auch auf kleine Zettel schreiben, die du da aufhängst oder hinklebst, wo du am häufigsten hinschaust.

Platz zum Aufschreiben ...

Meine Stärken und Erfolge

Mein Aussehen und mein Image

Arbeit an mir selbst und Veränderung

Wake-up 5

Lass DICH inspirieren und kreiere DEINE Visionen!

„Wer nicht weiß, wohin er will, der muss sich nicht wundern, wenn er ganz woanders ankommt!"

(Mark Twain)

Ziele

Wer kann schon von sich behaupten, dass er da angekommen ist, wo er auch ankommen wollte? Viele sind sicher noch auf dem Weg dorthin, und andere sind zwar angekommen, haben sich dann jedoch gleich auf den Weg zum nächsten Ziel gemacht. Das tun sie nicht unbedingt, weil sie gehetzt und getrieben sind, sondern weil es ein beglückendes Gefühl sein kann, auf sein Ziel loszumarschieren und es schließlich zu erreichen. Gerade war Selbstvertrauen unser Thema, und wenn du ein gutes Selbstwertgefühl hast, fällt es dir leichter, Ziele zu setzen und sie zu verfolgen. Aber umgekehrt ist es ganz genauso. Deine Ziele zu definieren und konkret zu machen ist eine gute Basis für dein Selbstvertrauen. Je mehr dein Selbstbewusstsein wächst, umso leichter kannst du deine Ziele erreichen. Die ganze Sache ist ein sich verstärkender positiver Kreislauf und setzt natürlich voraus, dass du dir über deine Ziele Gedanken machst. Nur wer seine Ziele kennt, kann sie auch erreichen und kommt da an, wo er ankommen will. Der Begriff „Ziel" bezeichnet (nach Wikipedia) einen in der Zukunft liegenden, gegenüber dem Gegenwärtigen im Allgemeinen veränderten, erstrebenswerten und angestrebten Zustand. Ein Ziel ist ein definierter und angestrebter Endpunkt eines Prozesses, meist einer menschlichen Handlung. Mit dem Ziel ist häufig der Erfolg eines Projekts bzw. einer mehr oder weniger aufwendigen Arbeit markiert.

Du kannst deine Ziele grob in drei Kategorien unterteilen:

1. *Private/persönliche Ziele*
2. *Schulische/berufliche Ziele*
3. *Soziale/zwischenmenschliche Ziele*

Deine privaten bzw. persönlichen Ziele könnten zum Beispiel so klingen:

Ich will eine neue Sprache lernen oder eine bereits gelernte verbessern!

Ich werde sportlich werden und meinen Körper trainieren!

Ich habe vor, Wert auf mein Äußeres zu legen und mich zu pflegen!

Ich beabsichtige, regelmäßig die Tageszeitung zu lesen!

Ich will den Führerschein machen!

Ich möchte ein Instrument lernen!

Ich beabsichtige, viel Wasser und keinen Alkohol zu trinken!

Ich habe vor, jeden Tag eine halbe Stunde zu meditieren!

Ich will nach Amerika und Kanada reisen!

Ich möchte öfter ins Theater und ins Museum gehen!

Deine schulischen und beruflichen Ziele könnten zum Beispiel diese sein:

Ich möchte mein Abi mit einer Durchschnittsnote besser als 2 bestehen!

Ich werde mir einen Praktikumsplatz besorgen!

Ich habe vor, in den Ferien zu arbeiten!

Ich möchte auf dem Gebiet Informatik immer besser werden und zu den Besten gehören!

Ich beabsichtige, ein erfolgreicher Anwalt/eine erfolgreiche Anwältin zu werden!

Ich werde Schauspielunterricht nehmen!

Ich möchte viel Geld verdienen und ein schickes Auto fahren!

Ich habe vor, ein Jahr im Ausland zu arbeiten oder zu studieren!

Ich möchte von zu Hause ausziehen und mir eine eigene Wohnung leisten können!

Ich werde ein Bewerbungstraining machen und den richtigen Auftritt üben!

Deine sozialen und zwischenmenschlichen Ziele könnten zum Beispiel so aussehen:

Ich will mit meiner Freundin unser Einjähriges groß feiern!

Ich möchte eine Beziehung haben, in der gleiche Interessen und Hobbys eine Rolle spielen!

Ich habe vor, mich öfter um die Oma zu kümmern!

Ich will zu meinen Eltern ein entspanntes und respektvolles Verhältnis haben!

Ich beabsichtige, mit meinem Freund Schluss zu machen!

Ich habe vor, mit meinem Freund zusammenzuziehen!

Ich werde meinen Freundeskreis erweitern!

Ich beabsichtige, mich sozial zu engagieren und den Schwachen zu helfen!
Ich möchte Geld für die Dritte Welt spenden!
Ich werde Streitschlichter an unserer Schule werden!

Doch wie müssen Ziele sein, damit wir Spaß daran haben, sie erreichen zu wollen? Wie schaffst du es, deine Ziele zu erreichen?

In erster Linie muss ein Ziel überhaupt erreichbar sein, das heißt, es dürfen keine zu großen oder überzogenen Erwartungen eine Rolle spielen. Das Ziel muss also realistisch sein. Wenn du zum Beispiel in Mathe eine Eins haben möchtest, obwohl du Fünf stehst, dann ist dein Ziel zu hochgestochen und unrealistisch. Wenn du es zum Ziel erklärst, von der Fünf runterzukommen und eine Vier – vielleicht sogar eine Drei – zu schreiben, dann besteht eine echte Chance, das Ziel erreichen zu können. Wenn du dir einen Freund (eine Freundin) wünschst und er (sie) sollte traumhaft gut aussehen, du selbst machst dir aber nicht so viel aus deinem Äußeren, lässt dich gehen und pflegst dich nicht, bist eher Mittelmaß ... dann wird das eine verdammt schwierige Sache. (Ich weiß, eigentlich bist du ganz anders, aber du kommst so selten dazu) Besonders clever ist es, keine übergroßen Erwartungen zu haben und sich nicht so viele Dinge auf einmal vorzunehmen, sonst unterliegst du dem „Falsche-Hoffnung-Syndrom".

Wichtig ist auch – wie du es hier nach jedem Wake-up machst –, deine Ziele aufzuschreiben und sie in regelmäßigen Abständen zu kontrollieren. Haben sie ein Update nötig, haben sie sich verschoben oder hast du sie bereits erreicht? Viele Trainer empfehlen bei einer Zielsetzung, für die eine tägliche Ausführung sinnvoll ist (Bauchtraining, Vokabeln lernen, Geige spielen etc.), mit kleinen Erinnerungszetteln zu arbeiten, die dir morgens beim Zähneputzen oder nachmittags am PC direkt ins Auge fallen. Achte dabei darauf, dass dein Ziel positiv formuliert ist.

Richtig: Ich beabsichtige, durch tägliches zehnminütiges Bauchtraining nach zwei Monaten einen straffen Bauch zu haben!

Falsch: Ich will eigentlich meinen fetten Bauch loswerden!

Es ist sinnvoll, sich einen zeitlichen Rahmen zu setzen, in dem du dein Ziel erreichen möchtest. Siehe oben: zehn Minuten täglich, zwei Monate lang.

Ich möchte noch einen Impuls an dich weitergeben, von dem keiner so genau weiß, wer ihn erfunden hat, der aber gern in Persönlichkeits- und Erfolgstrainings seine Anwendung findet. Ich spreche hier von der Drei-Tage-Frist bzw. der 72-Stunden-Regel.

Die 72-Stunden-Regel besagt, dass du zur Verwirklichung deines Ziels einen ersten Schritt innerhalb von 72 Stunden tun sollst. Machst du das nicht, verpufft die gesamte Energie und du wirst wahrscheinlich dein Ziel nicht erreichen. Der erste Schritt ist der absolut wichtigste. Um dir die ganze Sache etwas deutlicher vor Augen zu führen, stell dir einfach Folgendes vor: Dein Ziel ist es, die italienische Sprache zu erlernen. Du schreibst detailliert dein Ziel auf. „Ich will ein- bis zweimal die Woche Italienischunterricht nehmen, um nach einem Jahr eine lockere Konversation im Urlaub führen zu können. Später möchte ich Modedesign studieren und ein paar Jahre in Italien arbeiten."

Frage: Was machst du in den nächsten 72 Stunden?
Antwort: Du checkst das Angebot an deiner Schule, rufst verschiedene Sprachschulen an oder informierst dich im Internet. Schließlich muss ein Sprachkurs gebucht werden.

Der erste Schritt ist getan und das Projekt läuft vielversprechend an.

Es ist immer gut, eine Entscheidung zu treffen. Das heißt nicht, dass du ständig mit geballter Kraft in Richtung Ziel hetzen musst, du kannst auch mal innehalten und stehen bleiben, dich sammeln und neue Kraft tanken. Nur planlos in der Gegend rumeiern bringt dich auf keinen Fall weiter.

Verschiedene wissenschaftliche Untersuchungen haben ergeben, dass Menschen, die ein Ziel vor Augen haben und es verfolgen, erfolgreicher, weniger krank und lebensfroher sind, als Menschen, die orientierungslos umherwandeln. Sie suchen ihre Chancen im Leben und in den vielfältigen Möglichkeiten, die ihnen geboten werden, anstatt herumzusitzen und zu warten, welches Schicksal ihnen vorgegeben ist oder was der Zufall so bringt. Alles, was nötig ist, hältst du selbst in der Hand, das einzig Wichtige ist, die Bilder klar vor Augen zu haben, dann kannst du den nächsten Schritt kaum noch abwarten. Dieses Bild in deinem Kopf ist dein ganz persönlicher Erfolgsfilm und der Motor, der dich antreibt, deine Ziele und Visionen zu verwirklichen.

Visionen

„Wer Visionen hat, sollte zum Arzt gehen!", sagte unser Ex-Bundeskanzler Helmut Schmidt einmal über Willy Brandts Visionen. Überhaupt kommt bei einigen Leuten der Gedanke auf, dass Menschen mit Visionen irgendwelche Spinner sind, die den Boden der Realität verlassen haben und reif für die Klapse sind. So ist es jedoch ganz und gar nicht. Nein, oft waren es sogar große Visionäre, die für entscheidende Fortschritte und bahnbrechende Entwicklungen in allen Bereichen der Wissenschaft und Unternehmung gesorgt haben. „Vision ist das innere Bild einer Vorstellung, meist auf die Zukunft bezogen." (Wikipedia) Eine Vision ist also eine Art Idee oder Gedanke. Welche Vorstellung hast du von deinem Leben? Welchen Traum hast du von dir? Wenn du die Augen schließt und dir vorstellst, wo du in einigen Jahren sein wirst, was siehst du dann? Was für eine Vision hast du? Die Vision, die wir von uns und unserem Leben haben, ist unmittelbar mit unseren Werten und unserem Lebenssinn verknüpft. Hier laufen alle Fäden zusammen. Wenn du eine Vision hast und dir die Bilder oft in dein Bewusstsein holst, dir schöne Lebensumstände und Erfolge ausmalst, dann freust du dich jeden Tag darauf, deiner Vision ein Stückchen näher zu kommen. Deine Vision – das attraktive Bild von deiner Zukunft – hilft dir, dich anzustrengen, durchzuhalten und auch Stolpersteine, die auf dem Weg liegen, zu überwinden.

„If you can dream it, you can do it!" Ein Ausspruch des großartigen Zeichners und Unternehmers Walt Disney, der übersetzt (sinngemäß) heißt: „Wenn du es dir vorstellen kannst, kannst du es auch tun!"

Eine Vision zu entwickeln setzt voraus, dass du dich selbst gut kennst. Du kennst deine Stärken und Schwächen, du weißt, welche Menschen dir guttun oder schaden, du hast Ziele und Pläne. Du hast eine Vorstellung davon, wie deine Zukunft idealerweise aussehen könnte. Eine Vision hat man nicht mal eben im Kopf oder schüttelt sie flugs aus dem Ärmel, sie muss vielmehr reifen und sorgfältig entwickelt werden. Also, sei nicht geknickt, wenn du deine Vision noch nicht gestalten konntest, nimm dir einfach Zeit – Tage, Wochen oder Monate – und bastle in aller Ruhe an deiner Vision. Wenn du deine Vision entwickelst und deine Ziele festlegst, ist es ratsam, Menschen, die dich ausbremsen, kleinmachen oder demotivieren wollen, keinen Spielraum in deinem Leben zu geben. Lass dich von Sprüchen wie „Was ist das denn für eine Schnapsidee!" oder

„Das schaffst du nie!“ oder „Wirst du nie erwachsen?!“ oder „Das haben schon andere versucht und sind gescheitert!“ oder „Du hältst niemals durch!“ nicht entmutigen, oder noch besser, schaffe eine Möglichkeit, sie dir gar nicht erst anhören zu müssen.

„Meine Mutter sagte einst zu mir:
‚Wenn du ein Soldat wirst, kann aus dir ein General werden,
wenn du ein Priester wirst, kann aus dir ein Papst werden.‘
Stattdessen wurde ich Maler – und aus mir wurde Picasso.“
(Pablo Picasso)

Wenn du jetzt an den Anfang der Lektüre zurückdenkst, dann hast du zuerst deine Stärken herausgefunden, als nächstes deine Ziele festgelegt und deine Vision entwickelt, und jetzt heißt es: drauflosmarschieren! Wie du in Aktion kommst, wie du bei der Sache bleibst und wie du den Mut findest, Neues auszuprobieren, erfährst du im nächsten Wake-up. Wenn du dich auf deinen Weg machst, wird dir nicht immer alles auf Anhieb gelingen. Du wirst Fehler machen, du wirst Kritik einstecken müssen, du wirst scheitern oder aufgeben.

Hier drei wertvolle Tipps, die es dir einfacher machen können:

1. *Erst denken und nicht handeln. Dann handeln und nicht denken!*
2. *Wenn du gefallen bist, steh wieder auf!*
3. *Sieh Fehler als Lernerfahrung und Misserfolg als Zwischenergebnis!*

Übrigens: Wenn deine Ziele langfristig gesetzt sind, ist es sinnvoll, auf dem Weg kleine Etappenziele einzubauen, über deren Verwirklichung du dich jedes Mal freuen kannst. So bleibst du stets gut gelaunt und motiviert, auch wenn der Weg echt lang erscheint.

Mentales Training

Wir wissen, dass sich in unserem Unterbewusstsein eine Fülle von Bildern befindet, die, wenn wir die ganze Sache wie eine Technik und ein Training sehen, von uns beeinflusst werden können. Wir holen diese Bilder in unser Gehirn und lassen unseren eigenen Film ablaufen. Da das Gehirn nicht so gut unterscheiden kann, in welchem Fall es sich um eine tatsächlich gemachte Erfahrung handelt, und in welchem Moment es lediglich unsere

Vorstellungen (unsere Bilder im Unterbewusstsein) sind, besteht die Möglichkeit, uns selbst positiv zu täuschen.

Das heißt: Wenn ich mir vorstelle, dass ich selbstbewusst und souverän ein Referat in der Schule vortrage, und wenn ich diese Situation detailgetreu immer wieder wiederhole, dann ist die Wahrscheinlichkeit groß, dass ich die Klasse mit meinem Referat gut unterhalten werde. Ich habe im Vorfeld geübt und mein Gehirn signalisiert mir, dass das freie Vortragen kein Problem darstellen wird. Ich habe mich selbst in meiner Vorstellung die Inhalte von Anfang bis Ende sprechen hören. Ich habe trainiert, wann ich lustige Kommentare setze und habe die Klasse lachen hören. Ich habe im Vorfeld gedanklich durchgespielt, welche Arbeitsmaterialien ich einsetzen und welche Körperhaltung ich einnehmen werde.

Das mentale Training ist ursprünglich ein Trainingsverfahren aus dem sportpsychologischen Bereich und wird zur Lern- und Leistungsoptimierung im Leistungssport eingesetzt, insbesondere für Wettkampfsituationen. Es geht darum, dass der Sportler Bewegungsvorstellungen aufbaut und diese regelmäßig trainiert, ohne die gleichzeitige praktische Ausführung. Das Ziel für den Sportler ist es, zu einem bestimmten Zeitpunkt eine optimale Leistung abzurufen. Eine Wettkampfsituation setzt einen Sportler unter Stress. Diese Situation kann er nicht beeinflussen oder trainieren, sie ist unberechenbar. Während einer solchen Situation können mehrere Gedanken durch seinen Kopf kreisen, die der Herausforderung nicht unbedingt positiv gegenüberstehen. „Was, wenn mich meine Kräfte verlassen?“ oder „Hoffentlich mache ich jetzt keinen Fehler!“ Diese Überlegungen sind nicht sonderlich hilfreich. Der Kopf stört die Handlung. Besser wäre in diesem Fall, der Sportler wäre in der Lage, sich zu konzentrieren und könnte seinen erlernten Bewegungsablauf mental abrufen. Durch den konzentrierten und punktgenauen Abruf einer optimalen Leistung erhält der Sportler eine größere Selbstsicherheit und Gelassenheit.

Wie geht das? Es gibt drei Trainingsmöglichkeiten:
(Quelle: „Das Mentale Training“ von Mayer und Hermann, Springer Verlag)

1. Das mental-sprachliche Training
Hier trainiert der Sportler, indem er die Bewegungsabläufe per Selbstgespräch verinnerlicht. Er spricht den Ablauf laut mit sich selbst durch.

2. Das mentale Training aus der Beobachterperspektive

Hier nimmt der Sportler eine Außenperspektive an und beobachtet sich selbst. Es ist so, als würde er einen Film von sich (seinen Bewegungsabläufen) sehen, nur in diesem Fall spielt sich der Film im Kopf ab.

3. Das mentale Training aus der Innenperspektive

Hier betrachtet sich der Sportler von innen heraus, blickt durch die eigenen Augen und nimmt den Bewegungsablauf mit allen Sinnen auf. Das mentale Training wird professionell in den verschiedensten Bereichen angewandt. Mediziner, Piloten, Musiker und viele mehr trainieren ihre Handlungsabläufe nicht nur praktisch, sondern auch mental. Eine lebhafte Vorstellungskraft und der Wille zu zahlreichen Wiederholungen sind Voraussetzung für gutes Gelingen. Probier es doch einfach einmal aus!

Du kannst mit einer einfachen Gedankenverschiebung beginnen, indem du dir zum Beispiel vorstellst, dass du deinen Nachbarn oder Lehrer besonders freundlich begrüßt. Sagen wir einmal, gewöhnlich nickst du kurz oder flüsterst ein müdes „Hallo“ oder „Morgen“, schaust ihn gar nicht oder nur flüchtig an und gehst deiner Wege. Wir nennen diesen Nachbarn/Lehrer jetzt einmal „Herrn Dr. Müller“ und du stellst dir folgende Situation bzw. folgenden Bewegungsablauf vor:

Zuerst machst du dich ganz groß, Schultern zurück, Bauch rein, Brust raus, aufrechter und beschwingter Gang, Kopf nicht hängen lassen, offener und klarer Blick, Mundwinkel nach oben, ein freundliches Lächeln, ein verbindlicher Blickkontakt, ein leichtes Nicken und du hörst dich folgende Worte sagen: „Einen schönen guten Morgen, Herr Dr. Müller!“

Du kannst natürlich diese Situation weiter ausbauen, indem du ein Gespräch eröffnest. Je öfter du diese Begebenheit durchspielst, umso weniger Hemmungen wirst du haben und umso sicherer wirst du dich fühlen. Du kannst Verhaltensmuster aus sämtlichen Bereichen beeinflussen und trainieren. Die Angst zu versagen ist deine größte Hemmschwelle, wenn es darum geht, mutig zu sein und etwas auszuprobieren. Wenn du erfolgreich sein willst, dann mach es einfach mal und sieh jeden Misserfolg als Ergebnis und als positive Rückmeldung, was du noch verändern oder wo du noch besser trainieren könntest.

Talk mit Mull

Wake-up 5 „Lass DICH inspirieren und kreiere DEINE Visionen!"

Mull: „Stell dir einmal vor, du würdest die Garantie dafür bekommen, dass du bei der Verwirklichung eines Plans auf keinen Fall scheitern würdest, dass du mit absoluter Gewissheit Erfolg hättest – was würdest du dann gern tun? Wer oder was wärst du gern?"

Ich: „Oh, schwierige Frage! Ich glaube, ich liebe es, ganz viele Dinge zu tun. Wenn ich jedoch etwas länger in mich hineinhorche, dann würde ich am liebsten einen Roman schreiben! Einen Bestseller natürlich! Mein Name auf einem Buchcover! Ich wäre ein bekannter Autor und die Leute würden über mich und mein Werk reden!"

Mull: „Und was hält dich davon ab, einen Roman zu schreiben?"

Ich: „Ach, mein kleines Säbelzahnwürstchen, hast du schon mal in die zahlreichen Buchhandlungen geguckt oder im Internet gestöbert? Es scheint Millionen von Büchern zu geben. Warum sollte ausgerechnet meins gelesen werden, oder womöglich die Bestsellerlisten schmücken?"

Mull: „Wenn das alle gedacht hätten, dann gäbe es wahrscheinlich gar keine Bücher!"

Ich: „Wie meinst du das?"

Mull: „Ich meine damit: Konkurrenz belebt das Geschäft. Es gibt Millionen Bücher, Millionen Musiktitel, Millionen Filme, Millionen Restaurants, Bäckereien, Friseure oder was weiß ich. Es gibt von allem viel, und trotzdem kannst du deine Fans finden und erfolgreich sein!"

Ich: „Ich weiß nicht, vielleicht bin ich auch einfach nicht gut genug. Ich schreibe wahrscheinlich nur mittelmäßig. Warum sollte jemand das, was ich schreibe, lesen wollen?"

Mull: „Hast du denn eine spannende Geschichte im Kopf?"

Ich: „Na klar, ich wüsste schon, was ich schreiben würde!"

Mull: „Du hättest also bei der Geschichte ein gutes Gefühl?"
Ich: „Ja, sicher! Ich finde sie gut und spannend!"

Mull: „Und warum fängst du nicht an zu schreiben? Nur weil du dir nicht sicher sein kannst, dass andere Menschen deine Geschichte auch gut finden?"

Ich: „Ich weiß ja gar nicht, ob das überhaupt einer lesen will."

Mull: „Wenn du nicht anfängst zu schreiben, dann wirst du das auch nie herausfinden! Denk erst nach, ob an deiner Geschichte noch irgendetwas zu verändern und zu verfeinern ist, und dann handle. Stell deine Entscheidung nicht infrage, sondern leg einfach los!"

Ich: „Einfach loslegen?"

Mull: „Ganz genau. Einfach loslegen. Schließ bitte die Augen. Ich möchte mit dir auf eine Reise gehen. Auf eine Visionsreise."

Ich: „Eine Visionsreise? Was mag das sein? Ich werde jedenfalls den Anker lichten und die Segel hissen. Und los geht's, Herr Kapitän!"

Mull: „Eine Visionsreise ist eine Reise, bei der viele schöne Bilder vor deinem geistigen Auge auftauchen. Es sind Vorstellungen und Fantasien, die du von deinem Leben hast. Es ist wie Kopfkino. Es ist dein persönlicher Erfolgsfilm. Hast du Lust?"

Ich: „Und wie!"

Mull: „Mir gefällt deine Idee von einem Segelschiff. Schließ deine Augen. Es ist wunderschönes Wetter. Eine leichte warme Brise durchweht dein Haar. Du stehst auf einem Segelschiff und es segelt in Richtung Sonnenaufgang. Das Meer ist ruhig und kleine Glitzerpartikelchen umspielen tänzelnd die sanften Wellen. Jetzt setzt du dich in einen bequemen Liegestuhl. Du schließt die Augen. Entspannst dich. Atmest die frische, nach Meer riechende Seeluft ein.

Du siehst ein erstes Bild vor deinen Augen. Du sitzt an deinem Schreibtisch und arbeitest an deinem Roman. Du verlierst dich ganz in deiner Geschichte und fegst mit den Fingerkuppen emsig über die Tastatur. Du schreibst und schreibst und schreibst. Je mehr und je länger du schreibst, desto mehr Freude entwickelst du, desto einfallsreicher und wortgewandter wirst du, bis du schließlich mit einem Gefühl wohliger Entspannung dein Werk vollendet hast. Du spürst eine große innere Zufriedenheit. Du erzählst deiner Familie und deinen Freunden von deiner Leistung, sie freuen sich mit dir.

Jetzt erscheint ein zweites Bild vor deinen Augen. Du entwirfst ein Exposé und ein Anschreiben und bietest dein Manuskript verschiedenen Verlagen an. Du weißt, dass die Verlagssuche nicht einfach ist und jeder frische Autor mit einer Flut von Absagen rechnen muss. Und so kommt es auch. Du hältst die standardisierten Absageschreiben einiger großer Verlage in den Händen. Doch was ist das? Dein Telefon klingelt! Es ist die Lektorin eines Verlags. Sie hat dein Manuskript gelesen. Es ist gut, sagt sie. Der Verlag möchte es veröffentlichen. Das gibt es doch gar nicht. Die Luft bleibt dir vor Freude weg. Du bedankst dich. Du taumelst. Du legst den Hörer auf und tanzt durch die Wohnung. Du wirst veröffentlicht. Die Menschen werden deinen Roman lesen. Was ein Glück! Welch ein Erfolg! Du setzt deine Unterschrift unter den Verlagsvertrag und gehst mit deinen Liebsten schön essen und trinken. Du feierst ausgelassen. Du fühlst dich großartig.

Und jetzt ein drittes Bild. Du hältst ihn in den Händen. Deinen Roman. Es ist ein tolles Buch geworden. Schön anzusehen und dein Name steht auf dem Cover. Du liest eine Rezension über dein Buch in der Zeitung. Ein sehr gelungenes Debüt von einem jungen Autor, steht da geschrieben. Einige gratulieren dir, telefonisch, schriftlich und persönlich. Du genießt ihre anerkennenden Worte und ihre Bewunderung. ‚Ein toller Roman! Echt super spannend!', sagt eine Leserin auf der Buchmesse zu dir, während der Fotograf einer Kulturzeitung ein schönes Foto von dir macht. Deine Lesung hat großen Spaß gemacht und mit einem Gefühl der Glückseligkeit signierst du die Bücher deiner ersten Fans."

Ich: „Eine wunderschöne Vorstellung! Ich muss los! Ich fang an zu schreiben!"

Mull: „Weißt du, was lustig ist?"

Ich: „Nein, was meinst du?"

Mull: „Die gesamte Zeit über, während du in deinem Kopfkino warst und deinen Erfolgsfilm geschaut hast, lag auf deinem Gesicht ein warmes, wohliges Lächeln. So, als könntest du das Glück schon jetzt empfinden!"

Ich: „Ja, so ist es auch. Danke, Mull. Vielen lieben Dank!"

Mull: „Begib dich ab und zu auf eine Visionsreise. Träum dich bis zu den Sternen – wenn du sie verfehlst, dann landest du zumindest auf dem Mond! Und lass dich nicht von Schwarzmalern und Niesagern aufhalten! Dazu habe ich noch eine kleine Geschichte für dich:

Ein stiller Kletterer

Viele Legenden ranken sich um den Nebelberg, dessen Spitze nur alle 40 Jahre für einen einzigen Tag sichtbar wird. Und obwohl es Generationen versucht hatten, war es niemandem je gelungen, die Spitze dieses Berges zu erklimmen. „Es ist unmöglich", sagten die Alten, aber die Jungen mussten ihre eigenen Erfahrungen machen. Das war früher so und es ist heute so. Es war wieder so weit. „Die werden sich die Zähne ausbeißen!", „Das schafft niemand!" Keiner der zahlreichen Zuschauer glaubte, dass es irgendjemand schaffen könnte. Und so kam es, dass die ersten bereits vor dem Start aufgaben und sich beim Volksfest vergnügten (welches auch nur alle 40 Jahre stattfindet).

Start! Eine Tausendschaft zog dem Fuß des Berges entgegen. Es kam wie vorhergesehen: Viele Stunden später, aber nach kaum einem Drittel des Anstiegs, waren die meisten schon wieder umgekehrt. Bei der Hälfte war die Gruppe zu einem kleinen Häufchen zusammengeschrumpft und schließlich waren es nur noch ganz wenige fest Entschlossene, aber auch die resignierten nach und nach: „Die Alten haben recht. Was soll's ..."

Nur ein stiller Kletterer stieg unverdrossen weiter. Er wollte es den Alten offenbar beweisen. Er kletterte immer höher, stieg unbeirrbar dem Gipfel entgegen – und schaffte es! Mit letzter Kraft und überglücklich stand er auf dem Gipfel. Du kannst dir die Aufregung vorstellen! Da hat einer das Unmögliche geschafft! Wieder zurück, umringten die Zuschauer ihn. Jeder wollte natürlich wissen, wie es ihm gelungen sei, den Gipfel zu besteigen. Das hörte der stille Gipfelstürmer aber nicht – er war taub."

Platz zum Aufschreiben ...

Meine persönlichen Ziele

Meine schulischen und beruflichen Ziele

Meine sozialen und zwischenmenschlichen Ziele

Platz zum Aufschreiben ...

Wenn du Lust hast, dann begib dich doch auch einmal auf eine Fantasiereise. Schließ deine Augen und schaue dir einen Film über dein Leben an. Wo stehst du in zehn Jahren? Welche Träume konntest du verwirklichen? Was ist aus dir geworden? Welche Menschen umgeben dich?

Kreiere deine Vision!

Wake-up 6

Handle, lerne und probiere Neues aus!

„Wenn du etwas haben willst, was du noch nie gehabt hast, dann musst du etwas tun, was du noch nie getan hast!“ (Nossrat Peseschkian)

Wenn du weißt, wer du bist, was du kannst und wohin du gehen willst, dann hast du schon jede Menge erreicht. Es ist wunderbar, seine Ziele zu kennen, Wünsche zu haben oder einen Traum von dem eigenen perfekten Leben zu träumen. Die blanke Theorie ist bereits ein wichtiger Schritt, doch wenn es nur bei schönen Gedanken bleibt und nicht in die Praxis umgesetzt wird, kann es auch nicht dauerhaft befriedigend sein oder glücklich stimmen. Wie war das gleich noch mal? Ach ja: Erst denken, dann handeln!

Nehmen wir also mal an, du willst ein klasse Sportler werden oder Mediziner oder Schauspielerin. Was wäre eine unbedingte Voraussetzung, dein wundervolles Lebensziel zu erreichen? Hartes Training, Disziplin, gute Noten, wertvolle Kontakte und vielleicht auch ein bisschen Glück. Ja, das alles ist wichtig, um dein Ziel zu erreichen. Es gibt allerdings eine Voraussetzung, die bei den meisten erfolgreichen Menschen einen besonderen Stellenwert eingenommen hat: der unbedingte Wille. Erfolgsverwöhnte Menschen, gleichgültig ob Unternehmer, Superstar oder Spitzensportler haben eine Sache gemeinsam: Sie wollen unbedingt ihr Ziel erreichen. Sie wollen es mehr als alles andere und mehr als jeder andere.

Du musst es richtig wollen. Und wenn du es richtig willst, dann wirst du dich auch nicht gemütlich auf dein Sofa hocken und darauf warten, dass das Schicksal es gut mit dir meint. Denn Warten bringt gar nichts! Wenn du echte Chancen willst, dann heißt das, deinen Hintern hochkriegen und den Stein ins Rollen bringen. Dein ausgeprägter Wille, dein Verlangen und der Erfolgsfilm in deinem Kopf machen es dir leicht, nach draußen zu gehen und deine Chancen zu suchen. Natürlich kannst du auch mal ein bisschen Glück haben, das völlig von allein an deine Tür klopft, ohne dass du irgendetwas dafür getan hast. Wenn es so ist, dann freu dich darüber. Aber verlass dich nicht darauf, denn nur du ganz allein bist verantwortlich für deine Zukunft und musst dich darum kümmern, das Beste aus ihr zu machen.

Das Erscheinungsbild

Bevor wir über Mut und Motivation, über Beharrlichkeit und Selbstdisziplin und über das Verlassen der, ach so gewohnten und urgemütlichen Komfortzone nachdenken, gibt es einen Punkt, den ich nicht unerwähnt lassen möchte. DEIN ERSCHEINUNGSBILD. DEINE AUSSTRAHLUNG. DIE FRAGE: WIE KOMMST DU RÜBER?

Wenn du ein Ziel vor Augen hast, ganz gleich, ob du einen netten Freund, einen tollen Ausbildungsplatz oder den richtigen Bekanntenkreis finden möchtest, dein Erscheinungsbild spielt eine große Rolle. Es ist gar nicht die Frage, ob wir es gut finden, nach unserem Erscheinungsbild beurteilt zu werden – denn es ist einfach so. Manchmal zählen sogar nur die ersten 20 Sekunden, die uns ein anderer visuell wahrnimmt und beurteilt, um über den weiteren Beziehungsverlauf zu entscheiden. Wenn du jetzt denkst: Hey, ohne mich! Entweder man nimmt mich, wie ich bin, oder gar nicht! Dann ist das zwar dein gutes Recht, bringt dich aber kein Stück weiter.

Erinnerst du dich noch an die Sache mit dem Image und der Selbstinszenierung? Du kannst so rüberkommen, wie du rüberkommen willst, Hauptsache, du hast es in der Hand und du ziehst die Fäden. Das heißt nicht, dich zu verstellen oder deine Persönlichkeit zu verleugnen. Nein, vielmehr heißt es, das Beste aus dir selbst herauszuholen und hier und da „manipulierend" einzugreifen. Irgendwie ist es doch auch klar, dass du nicht mit zerrissener Jeans und fleckigem T-Shirt in ein Vorstellungsgespräch gehst. Oder würdest du der Frau deiner Träume oder dem süßesten Jungen auf dem Campus am liebsten im schlampigen Outfit und mit fettigem Haar begegnen?

Was kommt besser an, wenn ich gezielt einen positiven Eindruck machen will: Wenn ich eine gerade Körperhaltung habe, ein gepflegtes Erscheinungsbild, ein Lächeln im Gesicht und höfliche Umgangsformen? Oder wenn ich krumm gehe und stehe, schlampig und schlecht gelaunt aussehe und mich verhalte wie der letzte Prolo? Dein Aussehen und dein Auftreten sind wichtig zur Verwirklichung mancher Ziele. Es spielt keine Rolle bei der privaten Klavierstunde, bei deinem Bauchtraining oder bei deinem Vorsatz, mit dem Rauchen aufzuhören. Aber es ist durchaus motivierend, sich gern im Spiegel zu betrachten, sich in seinem Körper wohlzufühlen und öfter ein positives Feedback zu bekommen.

Wenn deine Ziele schon größerer Natur sind und sich ein Lebensziel herauskristallisiert hat, dann wird das Erscheinungsbild immer wichtiger, denn du wirst deine Ziele über Kontakte mit anderen Menschen erreichen. Menschen, die sich ein Bild von dir machen. Die dich in einem ganz bestimmten Licht sehen. Es ist total verrückt, wonach Menschen andere Menschen beurteilen. Ruck, zuck landet man in einer Schublade, nur weil man einen Ohrstecker, Bundfaltenhosen, weiße Socken oder Kopftuch trägt. Dein Gegenüber scannt dich mit Blicken in Sekunden durch und findet eine Psychokiste, in die du hineingehörst, wenn du zu viel Make-up benutzt, wenn du die Schultern hängen lässt, wenn die Brille beschmiert ist, wenn der Händedruck zu lasch ist, wenn du den Blickkontakt nicht erwidern kannst, wenn dein Haarpony über die Augen hängt, wenn du müffelst und so weiter und so fort.

Der Boss von McKinsey (Unternehmensberatung), Sabine Asgodom (bekannte Persönlichkeitstrainerin) und Heidi Klum (Topmodel) haben eine Sache auf jeden Fall gemein: Sie wissen um die Wichtigkeit des Erscheinungsbildes und des richtigen Auftritts. Der erste Eindruck ist oft der Wichtigste, und wer weiß, ob du eine zweite Chance erhältst. Das sind die Spielregeln! Also, gönn dir ein bisschen Zeit und denk über dein Erscheinungsbild und dein Image einmal nach. Du kennst dein Ziel und du hast das Verlangen, es zu erreichen. Bist du okay, so wie du bist? Welche Veränderungen wären sinnvoll? Musst du an deinem Kleidungsstil etwas ändern? Was ist mit der Körpersprache oder den Umgangsformen? Passt dein Image zum angestrebten Ziel? Wenn du zu einer coolen Rockband gehören möchtest, dann ist es nicht unbedingt angesagt, den langweiligen Spießer zu mimen. Wenn du ein intelligentes Mädchen beeindrucken willst, dann ist es nicht sinnvoll, dumme Sprüche oder platte Zweideutigkeiten zu bringen. Wenn du Fotomodell werden möchtest, dann ist es wirklich schade, wenn du deine Zeit mit Zigaretten, Fast Food und Alkohol vergeudest, dich nicht pflegst oder dich völlig blickdicht schminkst.

Solltest du mit deinem Erscheinungsbild und deiner Ausstrahlung glücklich sein, dann ändere nichts und prüfe nur gelegentlich, ob du die passende, von dir gewünschte Resonanz erhältst. Ein paar kleine Tipps noch für alle, die sich auf den Weg machen, andere Menschen zu beeindrucken: frisch geduscht sein, saubere Klamotten tragen, zuverlässig sein, lächeln, Augenkontakt halten, fester Händedruck, aufrechte Körperhaltung, informiert sein, gut vorbereitet sein, Interesse zeigen.

Mut und Motivation

Wenn dein Kopfkino eine tolle Vorstellung nach der anderen gibt und du ständig mit einem positiven Bild über dich selbst und deine Zukunft umherläufst, dann ist das fast schon Motivation genug. Denn du hast deine Ziele klar vor Augen und bist automatisch daran interessiert, sie in die Tat umzusetzen.

Ab und zu gibt es aber auch schwarze Tage. Deine Motivation hängt in den Seilen und du hast völlig vergessen, wofür du dich noch mal anstrengen wolltest. Deine Ziele sind dir nur teilweise präsent und du hinterfragst ihren Sinn und Zweck. Du hast ein echtes Tief, du sitzt in einem Motivationsloch. Was kannst du tun? Zuallererst holst du dir deinen Erfolgsfilm zurück auf den Schirm. Es sollte wie auf Knopfdruck funktionieren. Sich in Ruhe irgendwo hinsetzen, Gedanken sammeln und sich erneut bewusst machen, welch ein wunderbares Gefühl es ist, seine Ziele zu verwirklichen. Natürlich kannst du hier auch mit Erinnerungszetteln arbeiten, auch mit Postern und Zeitungsartikel von Leuten, die du bewunderst, und mit Filmen und Reportagen von Menschen, die auf einem Gebiet erfolgreich sind, auf dem du auch gern glänzen würdest. Es ist absolut motivierend, Lebensläufe und Biografien zu lesen und die Stärken und Strategien der ganz Großen zu studieren und zu erlernen.

Umgib dich mit Menschen, die auf deiner Seite stehen und dich durch anerkennende und wertschätzende Aussagen motivieren, deinen Weg zu gehen. Halt alle „Runterzieher“ und „Schwarzseher“ und „Schlappmacher“ von dir fern. Geh Babyschritte und feiere deine kleinen Erfolge. Hier kannst du spezielle Teilerfolge festlegen oder auch zeitliche Abschnitte, die erfolgreich zurückgelegt worden sind.

Wenn du voll motiviert bist, dann warte nicht auf schönes Wetter, einen guten Tag oder beste Laune, sondern mach den ersten Schritt zur Erreichung deines Ziels sofort. Bedenke: „Wenn du etwas haben willst, was du noch nie gehabt hast, dann musst du etwas tun, was du noch nie getan hast!“ Das heißt im Klartext, wenn du zum Beispiel interessante Leute kennenlernen möchtest oder du dir schon seit ewigen Zeiten einen netten Freund bzw. eine Freundin wünschst, es bisher aber nicht so recht geklappt hat, dann ist es an der Zeit, deine Strategie zu ändern und deine Komfortzone zu verlassen. Um diesen entscheidenden Schritt zu tun, bedarf es in erster Linie einer großen Portion Mut. Nimm also deinen ganzen Mut zusammen und probiere etwas Neues aus. Kannst du neue Leute treffen oder eine(n) Freund/Freundin finden, wenn du meistens zu Hause bist oder immer mit denselben Nasen an denselben Orten abhängst? Kannst du die Person näher kennenlernen, an der du wirklich interessiert bist, ohne den ersten Schritt zu tun?

Ist es sinnvoll, immer nur abzuwarten, was passiert oder dass etwas passiert? NO RISK, NO FUN. Überleg, was genau du zu verlieren hast! Was könnte schlimmstenfalls passieren, wenn du mutig eine andere Art ausprobierst, um dein Ziel zu erreichen? Kann es wirklich schlimmer kommen, als weiterhin in Eintönigkeit und Langeweile zu leben?

Die Komfortzone

Kennt ihr den beliebten Spruch: „Am Ende unseres Lebens bereuen wir die Dinge, die wir **nicht** getan haben, viel mehr, als die Dinge, die wir getan haben!" Deswegen raten viele erfolgreiche Menschen dazu, die Komfortzone zu verlassen und alte Gewohnheiten aufzugeben. Wenn du etwas Neues lernen möchtest oder mutig eine Sache ausprobieren willst, dann kannst du nicht bequem auf deinem Hintern in gewohnter Umgebung sitzen bleiben und nichts tun. Du musst dein warmes, wohliges Nest verlassen und neugierig deine Chance ergreifen. Die Sache ist natürlich nicht einfach, denn das, was deine Komfortzone ausmacht, verspricht nicht nur Bequemlichkeit, sondern auch Sicherheit und kontrolliertes Wohlbefinden. Wenn du dich also traust, einen Schritt raus aus der Komfortzone zu wagen, dann begibst du dich auf unebenen Boden. Es ist nicht einfach, gar nicht mehr gemütlich und stolpern könntest du auch. Es ist riskant, weil du nicht sicher sein kannst, dass du sofort Erfolg haben wirst. Du könntest Fehler machen, einen Korb kriegen oder hinfallen. Ist es also doch besser, einfach in der gewohnten Komfortzone zu bleiben?

Heißt es nicht: „Wer nicht wagt, der nicht gewinnt!"? Geht das Leben nicht an einem vorbei, wenn man immer nur auf Sicherheit bedacht ist oder zu faul, aus den Puschen zu springen? Selbstverständlich ist es auch anstrengend, sich immer außerhalb seiner Komfortzone aufzuhalten und ab und zu „voll was auf die Nuss" zu kriegen. Wie wäre es also mit dem goldenen Mittelweg? Warum nicht einfach mal darüber nachdenken, welche kleinen Schritte du wagen kannst, um deine Ziele zu erreichen? Überleg, wie weit du deine Komfortzone verlassen kannst, um Misserfolge nicht negativ zu sehen, sondern als Zwischenergebnis. Wie weit kannst du gehen, um dich immer noch sicher zu fühlen, aber auch mal einen Tiefschlag zu riskieren? Wenn du fällst, kannst du wieder aufstehen. Oft ist es so, dass Menschen an ihren Fehlern und Fehltritten wachsen und stärker werden. Erfolgreiche Menschen haben aus ihren Fehlern gelernt und nutzen diese Erfahrung, ohne ständig zurückzublicken oder sich immer noch mit den Ursachen zu beschäftigen. Sie bündeln ihre Kraft, um nach vorn zu schauen und ihre Zukunft kreativ zu gestalten. Alles andere bringt nichts und ein Leben in der Vergangenheit schon mal gar nicht.

Wenn du dir bewusst machst, dass ein Verlassen deiner Schutzzone nicht nur Stress und Niederlagen mit sich bringt, sondern vor allem auch Chancen, Spaß und Lebensfreude, dann wirst du sicher aktiv werden. Tausch bei Gelegenheit einfach das „vor dem Fernseher oder Laptop hocken" gegen eine „Portion echtes Leben" ein. Lass dich nicht vom Alltag und der Routine erdrücken, die dich vielleicht in deiner Weiterentwicklung bremsen. Du kannst die ganze Sache auch spielerisch sehen, und wer hat schon Lust, immer nur Mau-Mau zu spielen. Jetzt wird mal gepokert!

Beharrlichkeit und Selbstdisziplin

Wenn ich an Disziplin und Zielstrebigkeit denke, dann fallen mir spontan zwei Leute ein, die ich mit diesen Persönlichkeitsmerkmalen ganz besonders verbinde. Es handelt sich hierbei um meinen lieben Bruder und um das deutsche Topmodel Heidi Klum. Ich wähle diese beiden Personen einfach einmal aus, um dir zu beschreiben, was es genau bedeutet, „dran zu bleiben" und „nicht aufzugeben". Es gibt zahlreiche andere Beispiele ehrgeiziger und motivierter Menschen – vielleicht bist du selbst einer oder du kennst in deinem näheren Umfeld jemanden –, aber hier möchte ich am Beispiel einer Prominenten und einer mir vertrauten Person erklären, wie auch du eine Möglichkeit hast, dein Ziel beharrlich zu verfolgen.

Mein Bruder wusste schon als kleiner Bub, was er wollte und was ihm nicht gefiel. Und er besaß die Fähigkeit, seinen Willen durchzusetzen – damals noch durch hartnäckiges, nicht enden wollendes Geschrei, das meine Mutter teilweise an den Rand eines Nervenzusammenbruchs brachte –, um so ein für seine kindliche Seele wichtiges Ziel zu erreichen. In der Schule, mit den Hausaufgaben und den angebotenen Lerninhalten, hatte er keine Probleme, denn das Lernen fiel ihm leicht. Ich bewunderte meinen Bruder für sein Talent, sich konzentrieren zu können, wenn es drauf ankam und zielorientiert zu lernen, ohne wertvolle Energien zu verschwenden. Als wir auf dem Gymnasium waren, schaffte er alle wichtigen Dinge gleichzeitig: Er sah gut und wie aus dem Ei gepellt aus, er hatte

Schulnoten, die glücklich machten, eine nette Freundesclique und eine feste Freundin. Bei ihm schien alles völlig mühelos unter einen Hut zu passen. Er wusste schon früh, was ihm wichtig ist und wofür sich eine gewisse Selbstdisziplin lohnt.

Wenn zum Beispiel die Familie abends gemütlich beisammen hockte und im Fernsehen noch eine allseits beliebte Folge von „Dallas“ lief – damals eine ziemlich angesagte Serie –, dann konnte er, wenn er noch für Mathe oder Franze lernen musste, mühelos aufstehen und in sein Zimmer gehen. Ich blieb gern sitzen und genoss die Sendung, um dann festzustellen – je später der Abend, desto weniger Bock auf Mathe. Seine Gewissenhaftigkeit zeigte sich auch, wenn wir nach einem langen Kneipenabend erst spät zu Hause eintrudelten. Meine Abendtoilette war ruck, zuck getan, die Zähne wurden blitzschnell – ich muss gestehen, manchmal auch gar nicht – geputzt, um dann fertig und todmüde in die Federn zu sinken. Mein Bruder kam nach Hause und stellte sich, ungeachtet der fortgeschrittenen Stunde und unabhängig von seinem körperlichen Zustand, diszipliniert seinen üblichen Pflegeritualen. Ganz egal, ob sein Ziel war, täglich mit Hanteln zu trainieren, oder für eine schöne und teure Lederjacke Geld zu sparen – er zog es durch.

Um es kurz zu machen: Mein Bruder machte sein Abitur, studierte erfolgreich und fand seinen ersten, super bezahlten Job in einer Unternehmensberatung. Er ist erfolgreich, weil es ihm Spaß macht, erfolgreich zu sein. Er setzt sich immer wieder neue Ziele, um dann motiviert draufloszumarschieren. Er hat Lust, sie zu erreichen. Wenn es ihm gelungen ist, dann setzt er sich ein neues Ziel. Die Jungs aus den Unternehmensberatungen (es scheint hier mehr Männer als Frauen zu geben) haben ohnehin eine Art „Killerinstinkt“. Sie ziehen ihr Ding durch. Sie bleiben dran. Sie leben nach der Maxime, viel Zeit und Leistung in den Job zu bringen. „Grow or go!“ Sie wissen, dass nur die Guten, diejenigen, die bereit sind, mehr Leistung und Disziplin an den Tag zu legen als andere, erfolgreich sein können.

„Jeden Morgen wacht in Afrika eine Antilope auf und weiß, sie muss schneller laufen als jeder Löwe, um zu überleben. Jeden Morgen wacht in Afrika ein Löwe auf und weiß, er muss schneller laufen als die langsamste Antilope.“ „Wir müssen schnell laufen. Denken Sie darüber nach!“
(Zitate aus dem Buch „Gestatten: Elite“ von Julia Friedrichs)

Dranbleiben, sich nicht unterkriegen lassen, sich nicht die Laune durch Kritik verderben lassen und Niederlagen spielerisch nehmen, das ist auch die Lebensdevise von Heidi Klum. Ich habe Heidi Klum ausgewählt, weil ich annehmen kann, egal, ob du weiblich oder männlich bist, von dieser Frau hast du schon mal irgendetwas gehört. Es spielt auch keine Rolle, ob du Heidi Klum bewunderst oder ihre hartnäckige Überpräsenz ablehnst, denn sie ist ein fantastisches Beispiel für Beharrlichkeit und Disziplin. Sie ist wahnsinnig erfolgreich und besonders beliebt in Deutschland und den USA. Sie ist eins der erfolgreichsten Topmodels der Welt und mittlerweile auch als Moderatorin dick im Geschäft. Als junges Mädchen hat sie einen Modelwettbewerb gewonnen und damals wurde ihr klar, dass sie von ganzem Herzen Topmodel sein wollte, um es bis ganz an die Spitze zu schaffen. Sie bringt die drei wichtigsten Voraussetzungen mit: einen eisernen Willen, Begeisterung und eine Vision. Mit 19 Jahren tat sie einen weiteren entscheidenden Schritt: Mutig verließ sie ihre Heimat und das warme Nest der Eltern – ihre sichere Komfortzone –, um nach New York zu gehen und ihre Karriere anzukurbeln. Sie lernte, Fehler als Ergebnisse und Lernerfahrungen zu sehen und Niederlagen aushalten zu können. Unermüdlich blieb sie am Ball und schaffte es schließlich bis ganz nach oben.

„Drei Monate lang trottete ich jeden Tag zu Castingterminen, manchmal bis zu zehn pro Tag. Ich war nur eines von Tausenden neuer Mädchen, die ihr Glück als Model in New York suchten, und jede von ihnen sah umwerfend aus. In der Regel wartete ich in der Schlange, dann sah sich der Kunde meine Mappe an, dankte mir und schickte mich wieder heim. Es war echt beschissen, so ein kleiner Fisch im großen Teich zu sein.“ „Wenn das Leben zu 90 % daraus besteht, sich sehen zu lassen – bin ich halt immer wieder aufgetaucht.“ (Zitate aus dem Buch „Natürlich erfolgreich“ von Heidi Klum)

Talk mit Mull

Wake-up 6 „Handle, lerne und probiere Neues aus!"

Mull: „Hey, du bist in einem guten Alter. Und wenn ich dich jetzt frage, wie es dir geht, möchte ich nicht hören: Geht so. Ganz nett. Nicht schlecht, aber auch nicht gut. Bin ganz zufrieden. Bisschen müde. Immer das Gleiche."

Ich: „Das wirst du nicht, Mull, schließlich habe ich jetzt ein Ziel vor Augen. Aber wieso bin ich in einem guten Alter?"

Mull: „Die Wissenschaft sagt, dass bis zu einem Alter um die 20 Jahre herum die Bereitschaft wächst, sich Neuem gegenüber zu öffnen. Ab 30 Jahren sinkt sie wieder."

Ich: „Dann wird es aber Zeit, dass ich in die Pötte komme! Obwohl gerade das manchmal so schwer ist. Vielleicht sind die Dinge, die ich mir vorgenommen habe ja auch eine Nummer zu groß für mich, oder einfach unrealistisch!"

Mull: „Seneca, ein römischer Philosoph, hat gesagt: *‚Nicht weil es schwer ist, wagen wir es nicht, sondern weil wir es nicht wagen, ist es schwer!'* Du musst einfach den ersten Schritt tun! Wie willst du Schwimmen lernen, wenn du nicht ins Wasser gehst?"

Ich: „Ich glaube, ich trau mich manchmal einfach nur nicht!"

Mull: „Weißt du was? Das ist ganz normal, so geht es allen Menschen! Aber die Erfolgreichen warten nicht, bis die Zeiten oder die Umstände sich ändern. Sie springen über ihren Schatten, ergreifen die Initiative und rennen auf ihr Ziel los."

Ich: „Ja, toll, und was, wenn ich auf die Schnauze fliege, oder mit Pauken und Trompeten untergehe?"

Mull: „Dann stehst du wieder auf und versuchst es noch mal. Lies doch mal die Biografien bekannter oder erfolgreicher Menschen! Denkst du, die haben es alle beim ersten Mal geschafft? Pustekuchen, mein Freund! Die sind auch gefallen, durch tiefe Täler gegangen, waren verzweifelt und entmutigt."

Ich: „Wie? Und dann haben die sich wieder aufgerappelt? Hut ab! Ich weiß nicht, ob ich Rückschläge verkraften könnte."

Mull: „Es ist ganz natürlich, dass nicht alle Dinge auf Anhieb klappen. Aber je öfter du es probierst, desto größer ist die Wahrscheinlichkeit, dass es irgendwann funktioniert. Du musst nur dranbleiben. Stell dir doch einfach mal vor, du hast einen Würfel, mit dem du etwas erreichen kannst. Wenn du eine 6 würfelst, wird sich eine Sache zum Positiven wenden. Jetzt fängst du an zu würfeln und es kommt keine 6. Was machst du? Den Würfel in die Ecke werfen, aufgeben und auf dein Glück verzichten? Es ist doch ganz klar – wenn du es nur oft genug probierst, dann wirst du auch eine 6 würfeln!"

Ich: „Du meinst, einfach probieren? Einfach machen?"

Mull: „Richtig, den Stein ins Rollen bringen. Manchmal ist es auch gar nicht schlecht, einen Anfang zu machen, ohne dass jeder einzelne Schritt geplant ist. Manche Dinge ergeben sich von allein. Es ist wie mit dem Schneeball, der immer größer wird, wenn er den Abhang runterkullert. Es ist wie ein Naturgesetz!"

Ich: „Du meinst, ich soll meinen Pfeil abschießen, ohne zu wissen, wohin er fliegt?"

Mull: „Nein, mein Freund, du sollst deinen Pfeil abschießen, ohne zu wissen, ob du gewinnen wirst. Wohin er fliegen soll, das weißt du, denn das ist ja deine Motivation, ihn überhaupt auf die Reise zu schicken! Mir fällt dazu folgende kleine Geschichte ein: ‚Der Meister kam eines Tages in ein Dorf und sah auf jeder Tür und jedem Baum eine gemalte Zielscheibe, in deren Mitte ein Pfeil steckte. Er fragte, wer denn dieser Schütze sei, und wurde an einen halbwüchsigen Jungen verwiesen. ‚Sag, wie ist es möglich, dass du in solch jungen Jahren schon eine derartige Meisterschaft entwickelt hast?' ‚Ja, weißt du, ich schieße zuerst und male dann die Kreise.'"

Ich: „Ich habe deine Botschaft verstanden und verspreche dir, ich lege los. Nicht morgen oder übermorgen oder nächste Woche – nein, heute noch! Ich weiß nämlich, dass Aufschieberitis gar nichts bringt. Dann wird die Aufgabe nur immer schwieriger und der Berg an Arbeit immer größer."

Mull: „Eine kluge Entscheidung. Und bedenke, wenn du losrennst: Rom ist auch nicht an einem einzigen Tag erbaut worden! Was wichtig ist: es immer wieder tun, dranbleiben. Wenn eine kleine Pflanze wachsen soll, reicht es nicht aus, ihr nur einmal die Woche Wasser zu geben. Wenn du ein Vermögen ansparen willst, dann musst du jede Woche etwas auf die Seite legen. Wenn deine Muskeln härter oder dein Wortschatz größer werden soll, dann musst du regelmäßig lernen oder trainieren."

Ich: „Du meinst, ich kann es schaffen?"

Mull: „Du kannst alles schaffen! Oft hält der Mensch sich zurück oder geht eine Sache vorsichtig an, weil er denkt, es gibt Grenzen. Grenzen, die ihn bremsen und dabei aufhalten, seinen Weg zu verfolgen. Oft gibt es diese Schranken aber nur in seinem Kopf und sie sind in Wahrheit nicht da. Er hat sie sich selbst ausgedacht oder als Kind bereits gelernt. Schaff die selbst gebauten Grenzen in deinem Kopf ab! Denke lieber: Alles ist möglich!"

Ich: „Oh, das hört sich gut an!"

Mull: „Weißt du, wie in einem Flohzirkus die Flöhe dazu erzogen werden, nicht einfach wegzuhüpfen? Also, im Normalfall springt ein Floh fast 50 Zentimeter hoch, unglaublich beweglich, dieser kleine Floh. Im Flohzirkus nehmen sie den Floh, sperren ihn in ein Glas und legen einen Deckel auf das Glas. Jetzt springt der Floh wie verrückt gegen den Deckel. Eine Stunde, zwei Stunden, er springt wie ein Wahnsinniger und jedes Mal mit dem Kopf vor den Deckel. Nach ungefähr drei Stunden sieht die Sache anders aus. Es hat sich etwas Erstaunliches getan: Der Floh hat gelernt, bis genau unterhalb des Deckelrands zu hüpfen. Wenn man nun den Deckel wegnimmt, dann springt der Floh weiterhin bis kurz vor die Kante des Glases – und niemals höher, ein Leben lang. Er hat sich selbst eine Grenze gesetzt und denkt, dass er gar nicht höher springen **kann**. Seine Grenze ist für ihn Wirklichkeit und das beweist er sich jeden Tag aufs Neue."

Ich: „Das ist ja total verrückt. Also, ich werde mir keine Steine in den Weg legen lassen. Und wenn da welche liegen, dann werde ich versuchen, sie zu überspringen!"

Mull: „Wenn du dir eine Herausforderung suchst und sie meisterst, dann wirst du dich besonders glücklich fühlen. Es gibt Menschen, die leben mit dem Gefühl, niemals richtig zufrieden zu sein, und es gibt andere, die fühlen sich wohl, sind zufrieden und weitestgehend glücklich. Wenn du diesen Flow willst, dieses Hochgefühl, dieses kribbelige Glücksgefühl, dass einen kraftvollen Energiestrahl durch deinen Körper und deine Seele schießt, dann stell dich mit Lust einer Herausforderung. Entwicklung bedeutet auch Veränderung. Veränderungen setzen Mut voraus. Trau dich nur! Dein Mut wird belohnt werden!"

Platz zum Aufschreiben ...

Nimm dir eine Stunde Zeit und überleg, welche Dinge du konkret verändern und in die Tat umsetzen möchtest. Wenn du Lust hast, dann entwirf einen Strategieplan und schreib auf, wo und wie du handeln wirst. Tritt in Aktion und vergiss nicht, die ersten Schritte innerhalb der nächsten 72 Stunden zu gehen.

Wake-up 7

Liebe und lächle – it's magic!

„Sorge dafür, dass du immer Menschen um dich hast, die dich mögen und die du magst!" (Autor unbekannt)

Es gibt sicher Menschen in deinem Umfeld, die du gern magst. Vielleicht ist es deine Mutter, oder der Vater, oder beide, der Bruder und die Schwester, Oma und Opa, Tante, Cousine, beste Freundin, Freunde allgemein, dein fester Freund oder deine feste Freundin. Nur du allein kannst wissen, wer genau in den Kreis der Auserwählten gehört und wer nicht.

Vielleicht ist deine Familiensituation auch nicht perfekt, oder dein Freundeskreis lässt zu wünschen übrig und ein fester Partner ist auch nicht in Sicht. Das bedeutet nicht, den Kopf hängen lassen und schmollen zu dürfen, frei nach dem Motto: Keiner liebt mich! Es heißt vielmehr, die Augen vor der Situation nicht zu verschließen und sachlich den Ist-Zustand festzustellen. Dann in die Gänge kommen und diese unbefriedigende Emotionslage ändern. Denn eine Sache ist ganz gewiss: Ein Leben als Einzelgänger zu führen und einen großen Bogen um Menschen zu machen auf dem Weg sein Glück zu finden ist keine gute Idee.

Der Mensch ist, und das belegen sämtliche wissenschaftliche Untersuchungen, ein soziales Wesen. Es hält sich gern in Gruppen auf, ist sozusagen ein Herdentier. Auf der Ebene feinster neuronaler Schwingungen können wir unser Gegenüber wahrnehmen, empfinden und bewerten. Das machen wir nicht immer superperfekt, dennoch ist der erste Eindruck, den wir von einem Menschen haben, meist richtig und wir erfahren später immer wieder Bestätigung. Wir sind in der Lage, Gedanken und Gefühle anderer Menschen wahrzunehmen. Wir fühlen ihre charismatische, emotionale und erotische Ausstrahlung ebenso wie Kälte und Gefahr. Es ist uns möglich, mit genügend Einfühlungsvermögen eine gute Menschenkenntnis zu erlangen und auch die Maskenträger als solche zu entlarven. Auch du bist mit sozialer Intelligenz gesegnet, kannst jedoch zu der Gruppe der Profis oder der Laien gehören. Versuch, deine empathischen Fähigkeiten einmal selbst einzuschätzen, und überprüfe auch, ob du mit deinen sozialen Verbindungen und zwischenmenschlichen Beziehungen glücklich bist. Wenn du der Meinung bist, dass hier durchaus Defizite bestehen, dann gräme dich nicht, denn du kannst die Qualität deiner Beziehungen, deine Bindungsfähigkeit und das Talent, auf Leute zuzugehen und sie für dich zu gewinnen, verbessern. Veränderungen sind immer möglich, und wenn du es schaffst, Kontakt zu Menschen aufzunehmen, sie anzusprechen, dann wirst du auf jeden Fall eine größere Lebensqualität erreichen. Es ist ganz klar, dass wir uns nicht einfach wahllos auf jeden dahergelaufenen Passanten stürzen, um diesen näher kennenzulernen. Nein, wir treffen eine sorgfältige Vorauswahl, ohne uns sämtlichen Klischees und Vorurteilen hinzugeben, und versuchen dann, diesen Menschen für uns zu gewinnen. Aber wie mache ich das? Wie schaffe ich es, dass ich für jemand anderen wichtig und wertvoll bin? Wie schaffe ich es, dass mich jemand aufrichtig mag?

Wenn du dich selbst wertschätzt, dann wird es auch der andere tun!

Wenn du dich selbst nicht magst, was jeder halbwegs sensible Mensch auch spürt, wird es für eine andere Person sehr schwierig bis unmöglich, dich zu mögen und zu akzeptieren. Deswegen ist es wichtig, nicht nur selbstbewusst in den Spiegel zu schauen, sondern jeden Tag positive und aufbauende Botschaften an dein Gehirn zu schicken. Es spielt übrigens keine Rolle, ob du auf der Suche nach deinem Traumpartner bist oder deinen Freundeskreis ein wenig aufpeppen möchtest. Ohne Eigeninitiative, Neugierde und ein Lächeln geht gar nichts. Welche Werte von Bedeutung sind, um Beziehungen aufrechtzuerhalten und seine Liebsten zu beglücken, werde ich auch noch berichten. Unter Berücksichtigung des großen Wissensschatzes führender Verhaltensforscher, Kommunikationspsychologen und Coachingexperten werde ich dir zeigen, wie die zwischenmenschliche Welt gut funktionieren kann.

Die große Liebe

Es ist eine Traumvorstellung der meisten Menschen, dass irgendwo da draußen die einzig große Liebe darauf wartet, von uns gefunden zu werden. Die Menschen hängen sehnsüchtig dem Ideal hinterher, dass es ihren Seelenverwandten gibt, der mit jeder Faser und jeder Zelle seines Körpers genauso empfindet wie man selbst. Man ist füreinander geschaffen und einzigartig in der Konstellation. Es ist immer beglückend und hält ewig. Es ist ein Mensch, der wie für uns gemeißelt ist und der wesentlich dazu beiträgt, dass wir uns glücklich fühlen.

Wir gehen nicht nur zusammen durch die Stürme des Lebens, sondern wir genießen auch gemeinsam die süßen Früchte unserer Zweisamkeit. Wir sind verliebt. Wir sind beflügelt. Ich brauche nicht zu erwähnen, dass unser(e) Traumpartner(in) natürlich attraktiv und gebildet ist, das Herz am rechten Fleck trägt und seine (ihre) erotische Anziehungskraft nichts zu wünschen übrig lässt. Halt ein Traummann oder eine Traumfrau. Und wie lerne ich diese Person am besten kennen? Auch hier sind der Fantasie keine Grenzen gesetzt. Am liebsten wäre mir ein zufälliges Aufeinandertreffen. Eine schicksalhafte Begegnung. So wie es in den amerikanischen Hollywoodstreifen an der Tagesordnung ist. Da gehst du aus dem Aufzug raus, während zur gleichen Zeit einer reingeht. Es gibt eine flüchtige Berührung, vielleicht an den Schultern oder mit den Händen. Es gibt einen kurzen Augenkontakt. Wirklich nur Sekunden. Oder eine Zehntelsekunde. Im selben Moment durchfährt dich ein unglaubliches Gefühl der Zusammengehörigkeit mit dieser Person. Es ist ein Gefühl wie ein kurzer Hirnschlag, es ist Atemraub oder drei Sekunden Herzstillstand. Es ist unheimlich und unbeschreiblich einzigartig. Dann geht es über in ein Gefühl kribbelnder Energie und dann ... ja, dann ... dann geht die Aufzugtür zu. Und du weißt ganz genau: Diesen Menschen musst du wiedersehen!

Flirten

Das alles läuft im echten Leben meist ganz anders ab. Und du wirst mir sicher zustimmen – nichts scheint schwieriger, als den passenden Freund bzw. die geeignete Freundin zu finden. Das Unheimliche an der Sache ist: Es wird auch nicht einfacher. Es sei denn, du unternimmst was und steuerst dem Untergang zwischenmenschlicher Beziehungen mutig gegen. Vielleicht bist du ja in der Situation, bereits einen Partner gefunden zu haben, oder du legst gerade mal eine kurze Genusspause ein, weil du dich vor Angeboten kaum retten kannst. Dann ist dieser Teil des Buchs trotzdem nicht wertlos für dich, denn du kannst das, was du als gut erachtest, an Freunde oder Familienmitglieder weitergeben. Irgendwer ist sicher solo und hat es aufgegeben, sich mit dem Image des glücklichen Singles zu schmücken.

Flirten im Allgemeinen ist eine beglückende Tätigkeit. Du kannst überall auf der Welt flirten, unabhängig von Geschlecht, Alter oder Kultur. Flirten ist in erster Linie eine Kontaktaufnahme und fängt meist mit einem Blick und einem Lächeln an. Etwas Ähnliches tun auch Babys und Kinder, wenn sie mit ihrem breiten Lächeln die Menschen animieren, ihnen auch ein Lächeln zu schenken oder einfach nur ihre Aufmerksamkeit.

Ich habe einen kleinen Hund, es ist ein Cavalier-King-Charles-Spaniel, ein kleines Mädchen, das wir vor zwei Jahren aus Florida/USA mit nach Deutschland gebracht haben. Wir haben sie „Honey-Pie" getauft, weil sie ein goldbraunes Fell hat und honigsüß ist. Außerdem hat sie ein sonniges Gemüt, denn wenn sie ihre üblichen Spazierrunden einlegt, ist sie permanent damit beschäftigt, auf Leute zuzustürmen und diese freundlich zu begrüßen. Sie wird ganz unruhig an der Leine, wackelt mit dem Schwänzchen, nein, eigentlich mehr mit dem gesamten Hinterteil, hin und her, und schenkt jedem willkürlich daherkommenden Passanten ihre volle Aufmerksamkeit. Und wisst ihr was? Das freut die meisten Menschen. Sie wissen nicht, dass Honey-Pie das mit fast jedem Dahergelaufenen so macht, sie bilden sich ein, dieser aufmerksame und liebevolle Gruß würde speziell ihnen gelten. Sie reagieren auf die kleine Hündin: „Na, was bist du denn für eine Süße!" oder „Kleine Maus, was freust du dich denn so?" oder „Hey, da will aber jemand gestreichelt werden!" Honey-Pie flirtet, was das Zeug hält, und in den meisten Fällen erntet sie zumindest ein Lächeln. Mir ist die ganze Sache manchmal unangenehm, denn mein Hund kennt keine Vorurteile bei seiner Kontaktaufnahme. Jeder kann das Objekt von Honey-Pies Flirtfalle werden, und ich werde dann zu einem flüchtigen Wortwechsel genötigt.

Ganz so heftig musst du jetzt nicht in die Offensive gehen, aber rausgehen und die ersten Feldversuche starten kann schon eine deiner nächsten Herausforderungen sein. Ein chinesisches Sprichwort sagt: *„Der Frosch, der im Brunnen sitzt, beurteilt das Ausmaß des Himmels nach dem Brunnenrand."* Ein junger Mensch, der oft allein zu Hause vor TV oder PC hockt, beurteilt die Welt da draußen von seinem Zimmer aus. Er hat logischerweise einen begrenzten Horizont, weil er das pralle Leben nicht real erleben kann. Er verpasst viele gute Chancen, Herausforderungen und pulsierende Lebensfreude, weil er meistens damit beschäftigt ist, auf das Leben der anderen zu schauen. Ich persönlich finde es richtig gut, welche unglaublichen Möglichkeiten wir alle heute haben. Das Internet kann man sich wirklich nicht mehr wegdenken. Und so finden Facebook, Xing, StudiVZ, Twitter und Skype zu Recht jede Menge User.

Aber alles, was im Überfluss genossen wird, macht die Sache unschön. Geben wir den Dingen lieber eine adäquate Berechtigung, indem wir ein gewisses Networking betreiben, das sowohl im beruflichen als auch im privaten Bereich von Vorteil sein kann. Wenn es jedoch um die Anbahnung einer Liebesgeschichte oder um Vertiefung von Beziehungen im Allgemeinen geht, dann hilft uns Facebook auch nicht weiter, sondern wir sollten lieber – ganz altmodisch und herkömmlich – auf **Face-to-Face-Kontakte** setzen.

Wie geht das denn? In aller erster Linie musst du dir darüber im Klaren sein, dass wenn du dich im Zimmer versteckt hältst, kein Traumprinz und keine Prinzessin dich jemals finden können. Das heißt, raus auf die Straße und rein ins Geschehen. Unternimm was! Ruf deine Freunde an, oder auch mal andere Leute, die du vielleicht nicht ganz so gut kennst, und begib dich auf eine Tour, die dir die Möglichkeit bietet, mit anderen Menschen zu kommunizieren. Wenn du natürlich Freunde anrufst, mit denen du ohnehin vorwiegend deine Zeit verbringst und das meistens bei einem gemütlichen DVD-Abend, dann wird in Sachen „neue Kontakte machen“ nicht viel passieren.

Solltest du auf dem Weg zur Schule, zur Uni, zum Bäcker oder zum Sport sein, dann versuch doch mal, die Augen offen zu halten, Blickkontakt aufzunehmen und hier und da ein Lächeln zu verschenken. Wenn du mit gesenktem Kopf, verschränkten Armen und mit tief ins Gesicht gezogener Kapuze durch die Gegend marschierst, wird jegliche Kontaktaufnahme viel schwieriger. Wenn du dann noch zu denen gehörst, die permanent auf ihrem Handy herumhämmern oder Stöpsel im Ohr haben, dann darfst du dich nicht wundern, wenn andere nicht gerade heiß darauf sind, dich näher kennenzulernen.

Wusstest du, dass es nach amerikanischem Vorbild auch in Deutschland Flirtschulen und Flirtseminare gibt, die dir versprechen, eine Transformation vom schüchternen Loser hin zum charismatischen Casanova zu durchlaufen? Wahrscheinlich gibt es für Frauen, die zum Männer verschlingenden Vamp werden wollen, ähnliche Angebote. Die Trainer für die Männer nennen sich Pickup-Artists, was so viel heißen soll wie „Aufreiß-Künstler“ und ihre Botschaft lautet: raus auf die Straße und rein in die Clubs und Frauen ansprechen, denn die warten nur darauf! Tatsächlich ist das gar nicht so verkehrt, denn die meisten Jungs und Männer sind schüchtern und haben große Angst, eine Frau anzusprechen und einen Korb zu riskieren. Bei den Mädchen und Frauen sieht es übrigens nicht anders aus. Obwohl mittlerweile hinreichend publiziert wird, dass Männer auch gern von Frauen angesprochen werden, tut sich verdammt wenig aufseiten des emanzipierten weiblichen Geschlechts. Viele sind einfach zu schüchtern und warten lieber, dass ER den Anfang macht. Übrigens tun sich meist die intelligenten und gutaussehenden Kandidaten, die, von denen viele denken, der oder die habe sowieso keine Probleme, besonders schwer bei der ersten Kontaktaufnahme. Übrig bleiben dann die „4 B“: die Bekloppten und Bekifften, die Bildungsfernen und die Besoffenen.

Schöne Aussichten! Aber du kannst das ändern. Liebe dich selbst, bleib authentisch und dann raus mit dir! Denk an das Wake-up mit dem Image und überprüfe dein Erscheinungsbild. Du weißt: Körperhaltung, Augenkontakt und ein Lächeln sind viel wert. Nähere dich der auserwählten Person immer von der Seite (niemals frontal oder zu nah, das kann bedrohlich wirken) und sag etwas. Etwas Positives oder etwas Lustiges. Oder stell ihr oder ihm eine Frage. Fragen und ehrliches Interesse an einer Person können ein Gespräch aufrechterhalten.

Du darfst ruhig signalisieren, dass dir die Person gut gefällt, aber werd hierbei nicht zu aufdringlich und halte Abstand. Wenn du, obwohl du das Ganze behutsam und richtig süß angegangen bist, jetzt eine Abfuhr erteilt bekommst, hast du zwei Möglichkeiten. Du kannst dich sofort zurückziehen oder du checkst, ob der Korb lediglich eine Momentaufnahme ist – falscher Ort und falsche Zeit – und versuchst es ein anderes Mal wieder. Egal, wie du dich entscheidest, die wichtigste Erkenntnis bei diesem Vorgehen ist: Die Abfuhr hat nichts mit deiner Persönlichkeit zu tun. Du bist und bleibst weiterhin ein wertvoller Mensch und eine starke Persönlichkeit. Nur weil irgendeine Kleinigkeit nicht auf die gewünschte Resonanz trifft, dürfen wir uns nicht verleiten lassen, an uns selbst zu zweifeln. Es kann nicht immer alles auf Anhieb passen, und manche Sachen passen eben auch gar nicht. „Auf zu neuen Ufern“ ist hier die Devise. Auf keinen Fall zurückschauen und sich in Niederlagen wälzen, lieber frisch ans Werk und immer wieder aufs Neue probieren.

Versuch, eine 6 zu würfeln! Denn du weißt, wenn du oft genug würfelst, dann wird sie auch kommen. Erinnerst du dich: Man bereut nur die Dinge, die man nicht versucht hat! Was hast du schon zu verlieren, mit dem Wissen, dass die meisten Menschen nur darauf warten, angesprochen zu werden?

Ist natürlich alles etwas einfacher gesagt als getan und unabhängig davon, ob man einen netten Flirt haben möchte, ein interessantes Gespräch oder einen neuen beruflichen Kontakt, die eigene Persönlichkeit lässt sich nicht einfach radikal verändern. Wenn du wie ich, eher ein bisschen zurückhaltend und schüchtern bist, dann wirst du nicht die absolute Metamorphose zum extrovertierten Kontaktkönig machen. Und du willst das wahrscheinlich auch gar nicht. Warum auch seine Persönlichkeit verleugnen? Lieber ein bisschen an den Schwächen arbeiten und dafür authentisch bleiben.

Das ist eine gute Einstellung und trotzdem kannst du jeden Tag an dir arbeiten und den ein oder anderen Schritt einfach mal riskieren. Grüß die Menschen freundlich, sprich sie mit Namen an und stell dem Nachbarn, der Wurstverkäuferin oder der flüchtigen Grußbekanntschaft einfach mal eine Frage. Wenn du keine Frage stellen magst, dann sag doch ein paar Worte mehr als üblich. Bedank dich für die freundliche Unterstützung, mach ein Kompliment oder wünsch noch einen schönen Tag. Mir fallen diese Dinge auch keineswegs zu, doch ich übe täglich, mache Babyschritt für Babyschritt, um ein bisschen weniger schüchtern und kühl (manchmal sogar arrogant) zu wirken. Im beruflichen und sozialen Leben habe ich die Sache auch einigermaßen hingekriegt, aber was das Flirten angeht, ist es bis heute so, dass ich eher wie eine Statue wirke, wenn mir einer richtig gut gefällt. (Hat nichts damit zu tun, dass ich verheiratet bin!) Meine liebe Freundin Jennifer ist das genaue Gegenteil von mir. Sie ist so ein „Hans Dampf in allen Gassen". Sie nutzt jede Gelegenheit, fremde Menschen einfach anzusprechen und geht selten ohne Telefonnummer oder Visitenkarte nach Hause. Es ist dabei völlig egal, ob sie auf einer Messe nach neuen Kunden Ausschau hält, auf eine Party eingeladen ist oder im Flugzeug neben einem netten Herrn sitzt. Sie ergreift ihre Chance, spielerisch auf eine lockere und humorvolle Art, einen neuen – vielleicht wichtigen – Menschen kennenzulernen.

Die Menschen mögen ihre offene Art und freuen sich, wieder von ihr zu hören. Sie pflegt ihre Kontakte durch E-Mails, Telefonate und persönliche Gespräche und hat so nicht nur eine Reihe neuer Verehrer an Land gezogen, sondern auch ein gutes und funktionales Netzwerk erschaffen. Und ein solches Netzwerk ist Gold wert. Es gibt Erfolgs- und Persönlichkeitstrainer, die sagen: Wenn dein Haus abbrennt, dann rette zuerst deine Familie. Wenn dann noch Zeit ist, lauf erneut ins Haus und hol deine Netzwerkdatei!

Freundschaft und Familie

Ich weiß nicht, in welcher Situation du gerade bist, aber ich schätze mal, du hast auf irgendeine Art und Weise Familie. Wie gut oder schlecht dein Verhältnis zu ihr ist, kannst nur du beurteilen. Ich hoffe, dass du deine Familie so sehr liebst, dass du sie zuerst aus dem brennenden Haus ziehen würdest und nicht die Netzwerkdatei. Eine gute Familie gibt uns Wärme und Geborgenheit. Es sind Menschen, die uns lieben, uns unterstützen und dafür Sorge tragen, dass es uns gut geht. Sie geben uns einen Rahmen, einen Halt und ein Nest, aus dem heraus wir mutig agieren und in die weite Welt ziehen können.

Wenn deine Beziehung zu einem Familienmitglied nicht so gut ist, dann überleg einmal, was dir diese Person bedeutet. Gesetzt den Fall, dieser Mensch ist wichtig für dich, versuche ihn wertzuschätzen und eure Verbindung zu stärken. Bist du in ein intaktes Familienleben integriert, dann vergiss nicht, dass auch du Verantwortung für deine Familie trägst. Sei aufmerksam und hilfsbereit, hör gut zu, zeig dich dankbar und überrasche deine Liebsten mindestens einmal im Jahr mit einem kleinen Beweis deiner Wertschätzung. Lass dir einfach etwas einfallen und sei kreativ. Sicher kennst du die Schwächen und Vorlieben deiner Familie und hast ihre Signale bereits empfangen. Du kannst deiner Mutter einen schönen Brief schreiben, deiner kleinen Schwester eine Konzertkarte von ihrem Idol besorgen, für deinen Vater den Rasen mähen oder der Oma einen Kuchen backen. Was auch immer, deiner Fantasie sind hier keine Grenzen gesetzt.

Ähnlich schöne Momente kannst du auch einem Freund oder einer Freundin bereiten, den/die du sehr gern magst. Bestimmt bist du schon erfahren genug in Sachen Freundschaft, um einen guten Bekannten von einem echten Freund unterscheiden zu können. Ein echter Freund ist jemand, der dich so mag, wie du bist. Unabhängig davon, welchen Kleidungsstil du gerade bevorzugst, welche Leute du triffst oder was deine Pläne für die Zukunft sind. Er mag dich, wenn du erfolgreich bist, genauso wie wenn du Niederlagen einstecken musst. In dem einen Fall feiert ihr zusammen und er freut sich ehrlich für dich, und in dem anderen Fall tröstet er dich und baut dich wieder auf. Er kennt keinen Neid und keine Missgunst. Er akzeptiert, dass du dich entwickelst und veränderst und steht dir mit Rat und Tat zur Seite. Das ist ein wahrer Freund. Die meisten Menschen haben viele Bekannte, aber oft nur wenige echte Freunde. Es ist ein großartiger Erfolg, wenn du **einen** solchen Menschen gefunden hast.

Hast du ihn bereits gefunden, dann halt ihn gut fest! Freundschaft muss gepflegt und behütet werden. Sie darf nicht einseitig sein, du musst auch deinen Teil dazu beitragen. Schätze deinen Freund wert und zeig ihm das auch. Ein offenes Ohr, das richtige Wort zur richtigen Zeit und kleine Aufmerksamkeiten lassen eure Freundschaft wachsen und ewig halten. It's magic!

Du hast keinen guten Freund und auch keine beste Freundin? Dann wird es Zeit, diesen

Punkt auf deine Ziel-Liste zu schreiben und die ersten Schritte in Richtung Freundschaft zu unternehmen. Sitz nicht nur zu Hause herum, verabrede dich und schau dir dein Umfeld neugierig an. Manchmal sind wir sehr schnell, wenn es darum geht, eine Person nach Äußerlichkeiten und Oberflächlichkeiten zu beurteilen und sie in eine bestimmte Schublade zu stecken. Zeig dich offen für die Lebenspräferenzen und Meinungen eines anderen und gib gelegentlich deinem Gegenüber auch eine zweite Chance. Niemand ist perfekt und genau wie du befinden sich vielleicht auch die anderen Menschen gerade in einem Entwicklungs- und Veränderungsprozess. Möchtest du eine lockere Beziehung intensivieren? Überleg, welche Erwartungen und Wünsche dein Freund bzw. deine Freundin an dich hat. Was kannst du dazu beitragen, ihre/seine Zeit glücklicher zu gestalten? Sicher weißt du, dass Glück und Liebe Dinge sind, die sich vermehren, wenn man sie teilt. Das heißt nicht automatisch, nur zu investieren oder sich von anderen Menschen ausnutzen zu lassen. Vielmehr bedeutet es, der Beziehung eine faire Chance zu geben.

Partnerwahl

Statistiken und Umfrageergebnisse zeigen, dass der Wunsch, einen festen Partner zu haben, noch immer auf Platz 1 rangiert, vor den Zielen, Kinder zu haben und beruflich erfolgreich zu sein. Die Erwartungen und Anforderungen an einen Partner haben sich in den letzten Jahren verdoppelt und verdreifacht, da jeder versucht, die gesamte Palette seiner Wünsche in einem Partner verwirklicht zu sehen. Das Objekt unserer Begierde muss gut aussehen, intelligent sein, einen guten Charakter haben, Verständnis zeigen, Unterstützung geben, Humor haben, Freiheit und Toleranz wichtig finden, Treue und Geborgenheit bieten, Spaß und Sex versprechen und uns natürlich in jeder Form glücklich machen. Wir wollen um jeden Preis die romantische Liebe mit freundschaftlichem Halt und aufregendem Sex verbunden wissen. Mal ehrlich – klingt das realistisch, so viele Vorstellungen in einer einzigen Person finden zu können? Selbst dann, wenn sich in der Phase blinden Verliebtseins dieses Hochgefühl einstellen mag, wie wahrscheinlich ist es, dass dieser Zustand viele Jahre anhält? Es gibt ein Buch mit dem frechen Titel „Liebe dich selbst und es ist egal, wen du heiratest". Natürlich ist es nicht ganz egal, wen wir heiraten, denn es gibt Menschen, die gut und welche, die weniger gut zueinander passen. Wichtiger als gemeinsame Interessen sind ähnliche Lebens- und Wertvorstellungen. Es ist also nicht zwingend notwendig, dass dein Freund oder deine Freundin deine Hobbys teilt, aber die gleiche Einstellung – zum Beispiel zum Thema Treue – wäre eine gute Startbasis.

Trotzdem ist an diesem Buchtitel ein Stückchen Wahrheit zu entdecken. Wenn du dich klasse findest und dich selbst liebst, bist du erstens besser in der Lage, einen anderen Menschen zu lieben und zweitens, dich selbst glücklich zu machen. Denn einen Partner auszuwählen, dessen Pflicht es werden soll, dich glücklich zu machen, ist ein absolutes NO GO und eine erdrückende Last für jeden Partner. Mach dich selbst glücklich, und alles, was vom Partner in Sachen Lebensfreude kommt, genießt du dann doppelt und gemeinsam. Die Paarforschung ist in den letzten Jahren zu einem bedeutenden Komplex innerhalb der Psychologie geworden. Längst wissen wir, dass Menschen, die sich in glücklichen Beziehungen aufhalten, weniger krank sind und länger leben. Das Küssen ist auch sehr gesund und lebensverlängernd, denn durch den Abbau von Stresshormonen wird das Immunsystem aktiviert. Ein Teil der Liebe ist sicher Biochemie und Mathematik, aber der eigentliche Sinn der Liebe ist die Suche nach dem Glück und das Finden eines Lebensziels. Es ist die Sehnsucht nach Beständigkeit und Sicherheit und eine romantische Vorstellung trauter Zweisamkeit.

Wenn wir dieses Ideal nicht erreichen können, dann werden wir schnell muffig und stellen die Beziehung infrage. Schließlich wollen wir die perfekte Beziehung und hören nicht auf, nach weiteren möglichen Kandidaten Ausschau zu halten. Wenn du bereits einen festen Freund oder eine feste Freundin hast, und ich setze voraus, du willst diesen Zustand aufrechterhalten, dann versuch es einmal mit der „positiven Illusion". Das ist derselbe Ansatz, den du im Wake-up 2 kennengelernt hast: Alles ist eine Frage der Perspektive. Die Gedanken, die du in deinem Kopf hast, sind entscheidend bei der Beurteilung einer Person. Ändere deinen Blickwinkel und entwirf eine Beziehungsvision. Ersetze negative Gedanken durch positive Gefühle.

Wenn ER dir zum Beispiel auf die Nerven geht, weil er gestern Abend seine Kumpels getroffen, geraucht und getrunken hat und nicht sonderlich an deinen Gesprächsthemen interessiert war, dann kannst du zwischen zwei Möglichkeiten wählen. Du kannst dir sein Saufgelage mit den Freunden wiederholt ins Gedächtnis rufen und wirst ihn anschließend abstoßend und ekelhaft finden, ihm Vorwürfe machen und eure Beziehung in Gefahr sehen. Du könntest allerdings auch, selbst wenn du die Sache nicht in Ordnung findest, an seine positiven Charaktereigenschaften und eure schönen Momente denken und wirst automatisch – ob du es willst oder nicht – gelassener mit der Bewertung des gestrigen Abends umgehen. Dein Freund wird dir in einem besseren Licht erscheinen. Wenn SIE dir

„auf den Sack“ geht, weil sie gestern Abend zu heftig fremd geflirtet hat, gilt übrigens dasselbe Prinzip. Die Strategie der positiven Illusion dient der Langlebigkeit einer Beziehung, wobei natürlich bei ernsthaften Verletzungen erst mal ein klärendes Gespräch stattfinden sollte. Bei kleineren und banalen Streitigkeiten ist der Griff zur rosaroten Brille durchaus eine denkbare und sinnvolle Vorgehensweise, um die Sache nicht eskalieren zu lassen und nicht alles rabenschwarz zu sehen. Was Paartherapeuten darüber hinaus noch empfehlen, um eine Beziehung möglichst lange attraktiv zu halten: neugierig bleiben, Veränderungen positiv begegnen, zusammen neue Erfahrungen machen und aufregende Erlebnisse miteinander teilen. Es ist immer richtig, sich dem Risiko einer Beziehung auszusetzen, selbst wenn wir uns unseren Traummann oder unsere Traumfrau nicht backen können. Wir könnten enttäuscht und verletzt werden, Ärger und Streitereien könnten an der Tagesordnung sein, aber alles ist besser, als aus Angst vor der Niederlage die Fahnen schon im Vorfeld zu strecken. Hab den Mut und die Lust, dir einen Partner zu suchen, und wenn du nicht den richtigen Menschen erwischt hast, dann probiere es wieder.

„Die Liebe ist so unproblematisch wie ein Fahrzeug. Problematisch sind nur die Lenker, die Fahrgäste und die Straße.“ (Franz Kafka)

Talk mit Mull

Wake-up 7 „Liebe und lächle – it's magic!"

Mull: „Ich habe bemerkt, dass ihr Menschen gar nicht richtig aneinander interessiert seid. Jeder von euch kümmert sich meistens nur um sich selbst!"

Ich: „Na, hör mal, Mull, wie meinst du das denn? Findest du, dass wir Egoisten sind? Wir Menschen haben immer viel zu tun, da kann man sich nicht ständig um andere kümmern."

Mull: „Es geht nicht darum, sich immer um andere zu kümmern. Es geht darum, einem anderen Menschen ein Ohr zu schenken, damit er seine Sorgen und Nöte loswerden kann. Es geht darum, gelegentlich seine Hilfe anzubieten. Dabei ist es völlig gleich, ob du in der Bahn für eine ältere Dame aufstehst oder einem Sehbehinderten über die Straße hilfst."

Ich: „Och, das würde ich schon machen, einer alten Frau meinen Sitzplatz anbieten."

Mull: „Das Problem ist auch vielmehr, dass viele Menschen blind umherlaufen. Sie können zwar alles sehen, aber sie schauen nicht hin. Sie haben trainiert, gewisse Dinge nicht zu sehen, damit sie keine zusätzlichen Anstrengungen, Konflikte oder Belastungen haben."

Ich: „Na, das klingt ja ganz schön feige. Vielleicht hast du recht, Mull, denn die meisten Leute, die ich kenne, sind total mit sich selbst beschäftigt. Wenige fragen mal nach oder erkundigen sich ehrlich nach dir, oft wollen sie nur über sich selbst reden."

Mull: „Der Mensch hat einen großen Selbstdarstellungsdrang und lechzt nach Anerkennung. Wenn du einen Menschen für dich gewinnen willst, egal ob als Freund oder aus beruflichen Gründen, dann zeig dich interessiert."

Ich: „Ich verstehe, du meinst, ich soll ihn reden lassen und ihn nicht endlos mit meinen Dingen zutexten. Dann hat er die Möglichkeit, sich selbst darzustellen. Ich höre aufmerksam zu, stelle hin und wieder eine geistreiche Frage, die mein Interesse zum Ausdruck bringt."

Mull: „Schön ist es auch, wenn du tatsächlich an anderen Menschen interessiert bist. Es ist der Schlüssel zum Glück und würde den Nationen der ganzen Welt guttun, wenn wir einander mit aufrichtiger Anteilnahme begegnen würden. Es ist ein guter Anfang, hin und wieder ein Lächeln zu verschenken, auch an einen Menschen, der das Lächeln verlernt hat."

Ich: „Ich mag es auch gern, wenn mich ein Mensch anlächelt, ganz egal, ob das mein Lehrer, die Kassiererin im Supermarkt oder ein Kind auf dem Fahrrad ist. Es tut einfach nur gut."

Mull: „Versuche zu lächeln, auch wenn du kein Lächeln erwarten kannst. Dazu fällt mir folgende Geschichte ein: Da war eine Frau, die brachte zusammen mit ihrem Vater die Mutter ins Krankenhaus, die ein Problem mit den Beinen hatte und nun ein künstliches Kniegelenk bekommen sollte. Der Mutter, einer Frau mit einem gütigen und lieben Gesicht, war ein wenig bange vor ihrer Operation, denn das letzte Mal war sie – glücklicherweise – bei der Geburt ihrer beiden Kinder vor 45 Jahren im Krankenhaus gewesen. Auf dem Weg zum Schwesternzimmer begegneten sie einer Frau mittleren Alters, die auf ihren beiden Krücken ebenfalls ein Gespräch mit der Schwester suchte. Auf den freundlichen Gruß der drei Neuankömmlinge reagierte sie nicht und zog eine Schnute mit heruntergezogenen Mundwinkeln. Während die Mutter nun im Schwesternzimmer untersucht wurde, humpelte jene Frau wieder an Vater und Tochter vorbei und bemerkte beiläufig: ‚Zimmer 204 ist am Ende des Flurs. Ich bin auch da drin.' Nachdem sie in ihrem Zimmer verschwunden war, sagte die Tochter zu ihrem Vater: ‚Hast du das gehört? Die ist bei Mutti im Zimmer. Da hat sie ja eine nette Zimmergenossin. Die ist total muffig!'

Das Urteil war gefällt. Die in Augenschein genommene Patientin war ein negativ denkender Typ mit böser Miene und heruntergezogenen Mundwinkeln, ohne vernünftige Umgangsformen und wahrscheinlich dauerhaft schlecht gelaunt. Sie schien auch eine Knieoperation überstanden zu haben, aber gab ihr diese Tatsache das Recht, so übellaunig zu erscheinen? Nachdem die Mutter operiert worden war und zwei Tage mit erwähnter Zimmernachbarin verbracht hatte, schien die allgemeine Wahrnehmung verändert. Die Patientin, die kurz vor ihrer Entlassung stand, erwies sich als durchaus kommunikativer Mensch und starke Persönlichkeit. Sie machte der Mutter Mut und ermunterte sie zum positiven Denken. Es stellte sich heraus, dass diese Patientin nicht das erste Mal operiert worden war. Insgesamt war sie neunundvierzigmal im Krankenhaus gewesen. Knie und Hüfte waren operiert. Die Bandscheibe war beschädigt. Die Galle wurde entnommen. Die Nieren arbeiteten nicht richtig. Die Blase war künstlich. Was für ein Pechvogel, aber was für eine bewundernswert starke Frau. Das fehlende Lächeln bei der ersten Begegnung war unwichtig geworden.

Ich: „Das glaube ich gern, mir wäre das Lachen für alle Zeiten vergangen."

Mull: „Deswegen ist es unklug, allzu schnell ein Urteil über einen Menschen zu fällen. Und es ist sinnvoll, nicht darauf zu warten, dass der andere lächelt. Wenn es dir gut geht, dann verschenke ein Lächeln, denn vielleicht findet dein Lächeln einen Menschen, der es dringend gebrauchen kann."

Ich: „Das kann ich mir schon denken. Ich habe ohnehin die Erfahrung gemacht, dass mein Lächeln anderen Menschen guttut. Oft lächeln sie einfach zurück oder es entwickelt sich sogar ein nettes Gespräch."

Mull: „Mit einem Lächeln kannst du einem Menschen den Tag versüßen. Das ist, als hätte ein Sonnenstrahl einen leicht gekitzelt oder zart geküsst."

Ich: „Gekitzelt und geküsst werden – wer will das nicht?"

Mull: „Es ist ein guter Weg, seinen Mitmenschen mit offenen Augen und Ohren zu begegnen. Weißt du noch, der kleine Prinz hat uns gelehrt, dass wir nur mit dem Herzen gut sehen. Denn das Wesentliche bleibt für unsere Augen unsichtbar. Deswegen halte auch dein Herz frei und gib jeden Tag einem Menschen die Chance, dir als Freund zu begegnen."

Ich: „Da fällt mir ein, ich sollte einen Freund anrufen. Er hatte eine schwere Zeit, und ich will mich nach ihm erkundigen."

Mull: „Eine gute Idee. Der Klang deiner Stimme, ein Lächeln, ein Schulterklopfen, eine Umarmung, ein Kuss – du kannst viel tun, um einen anderen Menschen glücklich zu machen. Das Glück wird doppelt und dreifach zu dir zurückkehren."

Ich: „Bestimmt würde es der Welt besser stehen, wenn die Menschen nicht nur sich selbst lieben würden. Es ist Zeit, auch an andere zu denken und Verantwortung zu übernehmen."

Mull: „Kennst du das Märchen „Die Sterntaler" von den Gebrüdern Grimm? Da war ein kleines Mädchen, ganz allein und so arm, dass es kein Kämmerlein zum Wohnen und kein Bettlein zum Schlafen hatte. Es hatte nur ein Mützlein, ein Leibchen und ein Röcklein an und in den Händen ein Stück trocken Brot. Es war bitterkalt und das Mädchen zitterte und fror. Da kam ein alter Mann, der ebenfalls ganz hungrig war und bettelte um Brot. Das Mädchen gab ihm sein Brot. Dann kam ein kleines Kind, das bitterlich fror und bat um eine Mütze. Das Mädchen gab die Mütze. Dann kam ein weiteres Kind ohne Leibchen und eins ohne Röckchen, und das Mädchen hatte immer so viel Mitleid, dass es schließlich alles von sich gab. Es war nunmehr ganz nackt und durchgefroren und hockte allein in einem dunklen Wald. Und da passierte es: Es regnete Sterne vom Himmel. Sie verwandelten sich in Goldtaler und das Mädchen wurde überschüttet mit all dem Gold. Und ehe es sich versah, hatte es auch wieder ein Hemdlein, ein Mäntelchen und ein Mützchen an von bester Qualität. Von da an lebte es ein gutes und reiches Leben."

Ich: „Ganz so einfach funktioniert das bestimmt nicht, aber ich weiß, was du mich lehren möchtest. Ich soll auch an andere Menschen denken und helfen, so gut ich kann."

Mull: „Du bist ein guter Schüler. Also geh und folge deinem Herzen!"

Platz zum Aufschreiben ...

Wenn du Spaß daran hast, dann nutze diese Seite, um dir alle Gedanken einmal von der Seele zu schreiben. Mach einen Ausflug in dein Innerstes und überprüfe:

Welche Freunde sind dir wichtig und zeigst du ihnen das auch?
Wer aus deinem Umfeld könnte ein Lächeln, Zuspruch oder eine Umarmung gebrauchen?
Wann hast du zuletzt einem Menschen Danke gesagt für etwas, was er für dich getan hat?
Welchem Menschen solltest du mal sagen, dass du verliebt bist?
Was könntest du tun, um andere Menschen glücklich zu machen?

Zusatzweckruf

„Mach DICH locker!“

Erinnerst du dich noch an mein Anekdötchen über die Mutprobe im Wald? Da stand ich wirklich unter Stress, na ja, vielleicht kein richtiger Stress, eher ein hausgemachtes Unwohlsein, aber ich war auf keinen Fall locker. Locker wurde ich erst, als mir klar wurde, dass es sich nur um ein Angebot handelte. Du weißt noch, um ein großes Büfett, von dem ich nehmen konnte, was mein Herz begehrt. Mittlerweile ist mir die Sache sonnenklar. Wenn wir glauben, andere würden uns unter Druck setzen, dann sind wir auf dem falschen Dampfer. In den meisten Fällen erledigen wir selbst diese Aufgabe. Wir neigen dazu, die Verantwortung abzuwälzen und zu behaupten, dass ein anderer unser Leben versaut und es unnötig schwer macht. Also, hören wir auf damit, uns selbst fertigzumachen und bleiben ab jetzt möglichst locker!

Wie geht das? Locker bleiben? Sich locker machen? Das von mir beschriebene Persönlichkeitstraining, das mit der Komfortzonenüberschreitung im Wald startete, hatte noch einige andere Aspekte auf Lager, die durchaus einen gewissen Erfolgsdruck auf manchen Menschen legen und ihm sein „Lockerbleiben“ vermiesen konnten. Auch diese Botschaften biete ich dir in Büfettform an, damit du selbst entscheiden kannst, inwieweit dieses Konzept zu deiner Persönlichkeit passt. „In der Ruhe liegt die Kraft“ oder „Gut Ding will Weile haben“ oder „Besser den Spatz in der Hand, als die Taube auf dem Dach“ sind altbekannte Sprichwörter, doch wie viel Wahrheit liegt in ihnen und sind sie, angewandt in der heutigen Zeit, nach wie vor sinnvoll?

„Blöde Sprüche! Alles riesengroßer Mist!“, sagte unser Erfolgstrainer und machte deutlich, dass sich mit so einer Einstellung kein Blumentopf gewinnen lässt. Passiv sein? Auf gar keinen Fall! Du musst aktiv werden! Nur die Schnellen können Erfolg haben! Nur die Schnellen können gewinnen! Unsere Welt ist ganz schnell geworden, und wenn du zu langsam bist, dann bist du weg vom Fenster. Also, lass die Geschwindigkeit in dein Leben und leiste mehr und schneller als andere. Ich möchte dir meine Gedanken und meine Meinung zu diesem Thema nicht vorenthalten. Es ist richtig, dass unsere Welt sehr schnelllebig geworden ist. In sehr kurzer Zeit passiert unheimlich viel, und wir haben alles immer ohne Verzögerung auf dem Schirm. Internet und Fernsehen tun ihr Übriges, damit wir rund um die Uhr unser Update bekommen. Es sind gigantische Datenmassen, die unser Gehirn durchfluten, kurz andocken und dann weiterziehen. Eine Information bleibt selten als Ganzes und für länger in unserem Kopf. Wir behalten oft nur einen kleinen Teil der Information und schmeißen selbst diesen nach kurzer Zeit wieder raus. Dann strömen neue Daten durch unser Gehirn, und wenn wir die nicht selektieren würden, dann würde uns wahrscheinlich der Kopf platzen. Unsere Sinnesorgane sind ebenso strapaziert, umso weniger verwunderlich ist es, dass es Menschen gibt, die dauerhaft Geräusche im Ohr haben oder die bei der schnellen Schnittfolge eines Kinofilms Schwindelanfälle und Übelkeit empfinden.

Sind wir wirklich schlecht beraten, wenn wir in der Ruhe unsere Kraft finden? Wenn wir hier und da unser Leben entschleunigen, um besser genießen zu können? Wenn wir NEIN zu oberflächlichem Denken und hektischem Handeln sagen? Das soll kein Aufruf zum dauerhaften Hängematten-Dasein und ein Lob auf die Faulheit und Bequemlichkeit werden. Es ist jedoch eine Aufforderung, erneut über deine Persönlichkeit nachzudenken. Wie viel Geschwindigkeit tut deinem Leben gut? Was musst du zum Einsatz bringen, um deine Ziele zu erreichen und diese Visionen zu verwirklichen, ohne deine Werte und deine Lebensfreude zu vernachlässigen?

Es ist richtig, was die Menschen denken: „Von nichts kommt nichts!“ Aber es ist falsch, sich verrückt zu machen und krampfhaft seinem Ziel hinterherzujagen. Dir und mir ist klar, dass wenn du ein(e) erfolgreiche(r) und gut verdienende(r) Geschäftsfrau/-mann werden möchtest, dein Leben nicht in einer einzigen Entspannung und Meditation verlaufen kann. Du wirst früh aufstehen und dich dem Tag leistungsbereit stellen müssen. Wenn du es schaffst, dir sinnvolle Ruhepausen einzuräumen und auch an andere Menschen zu denken, dann wirst du langfristig Erfolg haben. Solltest du aber wie ein Kampfhund blind drauflosstürmen, ist die Wahrscheinlichkeit groß, dass sich irgendwann ein Gefühl der Leere und Sinnlosigkeit breit macht.

Versuch, das richtige Maß an Ehrgeiz und Leistung zu bringen, um in einer schnellen und produktiven Gesellschaft zu bestehen, ohne die Entspannung von Geist, Köper und Seele aus den Augen zu verlieren.

Entspannung

„Sich locker machen“ bedeutet entspannt zu sein und ruhig zu bleiben. Es wird kein innerer Druck aufgebaut, das Herz schlägt im normalen Takt und die Atmung ist ausgeglichen. Wenn du es schaffst, dich locker zu machen und natürlich auch locker zu bleiben, dann schlägst du mehrere Fliegen mit einer Klappe.

1. *Du behältst einen kühlen Kopf bei Prüfungen, Konflikten und in anderen schwierigen Situationen.*
2. *Du beeindruckst andere Menschen durch deine Ausstrahlung, die mit Souveränität und Gelassenheit gleichgesetzt wird.*
3. *Du beherrschst die Technik des mentalen Trainings und der positiven Illusion.*
4. *Du bist selten krank, weil dir nichts so leicht auf den Magen schlagen kann.*
5. *Du hast genügend Kraft, deinen Weg zu gehen und deine Ziele zu verwirklichen.*

Wenn die Mulle dich jetzt wach gerüttelt hat und du dich mit ihr im Gepäck auf den Weg machst, deinem Glück ein wenig auf die Sprünge zu helfen, dann beherzige immer folgenden Satz: „Nichts im Leben ist es wert, dass es dir oder einer dir wichtigen Person schlecht ergeht!" Entscheidend wichtig ist, auch bei allem Ehrgeiz und Zielbewusstsein, immer die Ruhe zu bewahren. Ein chinesisches Sprichwort sagt:

„Nur im ruhigen Teich spiegelt sich das Licht der Sterne."

Es ist nicht immer einfach, im größten Prüfungsstress mit nörgelnder Mutter und unzufriedenem Partner, bei strömendem Regen und unter schlecht gelaunten Menschen, eine Oase der Entspannung zu schaffen. Sollte dir jetzt einfallen, dass du dir deine Auszeit gönnst, indem du den Computer heiß laufen lässt und wild durch die Gegend chattest oder einen Fernsehmarathon an den Tag legst, der deine Augen auf Schweinsäugleingröße schrumpft, dann bist du schlecht beraten. Zumindest dann, wenn du dieses Ritual öfter einsetzt, um Stress abzuschütteln. Mal kurz den Freunden online Guten Tag sagen oder einen mit Bedacht ausgewählten Film im Fernsehen schauen, gegen diese Form von Entspannung ist nichts einzuwenden. Ein übertriebenes Zuhämmern mit flackernden Lichtpunkten sorgt jedoch für ein gegenteiliges Ergebnis: Nervosität, Müdigkeit und Konzentrationsschwäche. Dazu können sich noch Kopfschmerzen, Nackenverspannungen und Schlaflosigkeit gesellen.

Manchmal ist das reine Nichtstun eine wundervolle Idee, um neue Kraft zu sammeln. Der bekannte Pädagoge und Kommunikationstrainer Dale Carnegie empfiehlt die

Entspannung, wann immer man die Zeit dazu findet: „Machen Sie Ihren Körper schlaff wie eine alte Socke. Ich habe beim Arbeiten eine alte braune Socke auf meinem Schreibtisch liegen, als Erinnerung daran, wie schlapp ich sein wollte. Wenn Sie keine Socke haben, geht auch eine Katze. Haben Sie schon mal ein Kätzchen aufgehoben, das in der Sonne schlief? Beide Enden sacken dann herunter wie nasses Zeitungspapier. Sogar die Yogis in Indien sagen, dass man die Katzen studieren soll, wenn man die Kunst der Entspannung beherrschen möchte. Ich habe nie eine müde Katze erlebt, eine Katze mit einem Nervenzusammenbruch oder eine Katze, die an Schlaflosigkeit litt, an Magengeschwüren oder die sich Sorgen machte. Wahrscheinlich werden Sie alle diese Dinge vermeiden, wenn Sie lernen, sich zu entspannen wie die Katzen."

Wenn du dich also richtig entspannen willst, dann schalte nicht irgendein Gerät ein, sondern schau dir eine Katze an – ich denke, ein Hund geht auch, die können so herrlich schlaff in der Ecke rumliegen – und wenn keine Tiere in deinem Haushalt leben, versuch es mit der Socke!

Das Wesentliche

Die Weisheit des Lebens besteht im Ausblenden der unwesentlichen Dinge. Da sind wir wieder bei der Kraft unserer Gedanken und der Möglichkeit, selbst entscheiden zu können, welche Gedanken in unserem Kopf Platz finden dürfen. Wenn du tausend Dinge zu tun hast und diese tausend Dinge gleichzeitig in deinem Kopf behältst, dann musst du wahrscheinlich ein großes Durcheinander aushalten und wirst vor Überforderung gar nicht wissen, was zuerst zu tun ist. Das Resultat wird sein, dass du die Aufgaben halbherzig angehst oder gar nicht.

Lass dich nicht durch viel Arbeit und Erledigungszwang in eine betrübte Haltung der Überforderung pressen. Mach dir einen Plan, der deine Aufgaben nach Priorität regelt und beschäftige dich nicht mit Dingen, die erst zu einem viel späteren Zeitpunkt auf deiner Liste auftauchen. Triff Entscheidungen, welche Aufgaben zum jetzigen Zeitpunkt ohne Aufschub erledigt werden müssen und welche noch Zeit haben. Beurteile jeden Tag aufs Neue, ob deine Prioritätenliste noch aktuell ist, oder welche Ausnahmen nötig sind.

Das, was du gerade tust, das tue mit absoluter Aufmerksamkeit und Hingabe. Am besten, du denkst dabei nur an das, was du gerade tust. Wenn du für die Mathearbeit lernst, dann denke nur an Mathe, nicht an das Sporttraining, das Döner-Brötchen oder den nächsten Urlaub. Wenn deine Freundin zu Besuch ist, um mit dir über ein Problem zu sprechen, dann lass dich voll auf deine Freundin ein, und denke nicht an Mathe, neue Schuhe oder das neueste Handy. Wenn du deine Bauchmuskeln trainierst, dann konzentriere dich auf jede Bewegung und versuche, deine Muskeln zu fühlen, denk nicht an deinen Hintern, die Neueröffnung des Clubs oder die Reparatur deines Laptops.

Mit dieser Strategie wirst du nicht unnötig Energie verpuffen, vielmehr setzt du sie zielgenau ein und konzentrierst dich auf das Wesentliche. Ich weiß, das ist einfacher gesagt als getan, denn oft bietet es sich an, gleich, ob wir in der Schule sitzen oder durch den Wald joggen, nicht an das zu denken, was wir gerade machen, sondern lieber Probleme zu wälzen. Wir wälzen sie hin und her und kommen doch zu keiner Lösung. Gib auch deinen Problemen einen unterschiedlichen Stellenwert (Prioritätenliste) und gehe sie mit derselben Konzentration an wie deine Aufgaben. Manches Problem wirkt viel kleiner, nachdem man sich intensiv mit ihm und einer entsprechenden Lösung beschäftigt hat. Wer weiß, vielleicht gibt es das ein oder andere Problem auch gar nicht mehr, wenn du deine Einstellung und deine Gedanken dazu verändert hast.

Du kannst die Sache auch wie Abraham Lincoln angehen: *„Halte dir jeden Tag 30 Minuten für deine Sorgen frei, und in dieser Zeit mache ein Nickerchen!“*

Sich selbst Gutes tun

Um es direkt vorweg zu sagen, ich bin kein Freund von strengen und ultimativen Regeln. Wenn es also um die allgemein lebhaft diskutierte Freude am Genuss, aber auch zunehmende Abhängigkeiten und Kontrollverluste geht, vertrete ich den Standpunkt, dass ein Genuss in Maßen durchaus in Ordnung ist. Die Sache auf den Punkt gebracht, heißt es: Es gibt Menschen, die trinken gelegentlich mal ein Gläschen Wein oder auch ein Bierchen. Was spricht dagegen? Ab und zu eine Zigarette, vielleicht ein oder zwei in der Woche oder im Monat – geht davon die Welt unter? Ich sag mal mutig „Nein“, obwohl ich mir der Provokation bewusst bin, die ein Großteil der erziehenden und pädagogisch gebildeten „Rauchfrei-Lobbyisten“ jetzt aushalten muss.

Meine Erfahrung und die Gespräche mit älteren Herrschaften, die es verstanden haben, bewusst und gesund zu leben, ohne auf ein bisschen „gefährlichen“ Genuss zu verzichten, zeigen, dass diese beiden Lebenskonzepte sich nicht automatisch ausschließen. „Ab und zu mal ein Schnäpschen“, sagt meine 92-jährige Oma, „das gönne ich mir gern!“ Oma hat es aber auch nie übertrieben. Oma hat sich nicht ins Koma gesoffen oder 20 Zigaretten am Tag geraucht oder sich von Fast Food und Coke ernährt. Sie gibt sich anderen Lastern hin und liebt Pralinen, Butter und Kaffee. Natürlich nicht kilo- oder literweise, aber regelmäßig in Maßen. Genauso hält sie es mit Obst, Gemüse und Wasser.

Je jünger man ist, desto schwieriger ist die Sache mit dem Maßhalten. Vielleicht gehörst du zu denen, die gern wild und unersättlich leben wollen. Die, die exzessiv jede vom Leben gebotene Möglichkeit auskosten wollen. Die, die gern „die Sau rauslassen“. Mal „die Sau rauslassen“ ist sicher kein Problem, aber wenn es darum geht, sich gut zu fühlen und locker zu bleiben, ist man mit einem Zuviel der gängigen Alltagsdrogen nicht gut beraten. Besser ist es daher und wird auch von jedem Fitnesspapst und Wellnessguru empfohlen, diese Genussmittel in geringen Mengen zu konsumieren, oder, wenn du das nicht auf die Reihe kriegst, es ganz zu lassen. Doch warum solltest du in dieser Angelegenheit nicht erfolgreich sein können? Wenn du deinen Erfolgsfilm und deine Vision vor Augen hast, wenn du motiviert und diszipliniert bist, das mentale Training beherrschst, dann kann die Sache gar nicht danebengehen. Mach dich einfach locker und genieß dein Leben – ohne Abhängigkeiten!

Ein Weg zu mehr Gelassenheit führt eben auch über unseren Körper. Die bekanntesten Tipps und Ratschläge zu dieser Thematik gebe ich jetzt in Form einer Aufzählung von Imperativen an dich weiter. Einige Anregungen setzt du sicher schon erfolgreich um, andere findest du vielleicht schwachsinnig und – wer weiß – ein paar gehören morgen zu deinen neuen Zielen.

1. *Trink viel Wasser! Mindestens 1,5 Liter, besser noch ein wenig mehr!*
2. *Schlafe ausreichend! Mindestens 6 Stunden!*
3. *Vergiss nicht, Obst und Gemüse zu essen! Täglich!*
4. *Tanke Frischluft! Fahrrad fahren, spazieren gehen, joggen ... was dir gefällt!*
5. *Beweg dich und halte dich fit! Finde einen Sport, der dir Spaß macht!*
6. *Gönn dir ab und zu eine Massage! Biete auch selbst mal eine an!*
7. *Kontrolliere deine Körperhaltung! Besonders vor dem Bildschirm!*

8. *Versuchs mal mit Gemütlichkeit! Denk an die schlaffe Socke!*
9. *Verwöhne deinen Körper! Duschen, pflegen, gut riechen!*
10. *Hör schöne Musik! Am besten täglich, denn Musik macht glücklich!*
11. *Schwing das Tanzbein! Auch allein zu Hause ist in Ordnung!*
12. *Geh auf Reisen! Reisen inspirieren – mach, was du dir leisten kannst!*
13. *Sing unter der Dusche oder in der Wanne! Macht glücklich!*
14. *Lach dich kaputt! Lachen macht gute Laune!*
15. *Sei zärtlich! Küss viel und gern! Bring Lust in dein Leben!*

Es gibt diese Tage, an denen einem die Decke auf den Kopf fällt. Tage, an denen man lieber im Bett geblieben wäre. Tage, an denen man sich schwarz geärgert hat und vor lauter Wut gegen die Wand laufen könnte. Tage, an denen man nervös und gestresst ist. Tage, an denen alles grau und trostlos erscheint. Tage, an denen man schwarzsieht. Und wenn ein solcher Tag kommt, dann ist es nicht verkehrt, genügend Wissen über seine eigene Persönlichkeit zu haben, um die richtige Entspannungsstrategie verfolgen zu können.

Der eine joggt durch den Wald, um seinen Stress abzubauen und eine Flut erfrischender Gedanken in den Kopf zu kriegen. Ein anderer hört seinen Lieblingssong und tanzt dazu auf dem Parkettboden im Wohnzimmer. Es gibt Leute, die treffen sich mit Freunden auf ein Bierchen, um zu lachen und aufgefangen zu werden. Andere wiederum brauchen Zärtlichkeiten, und wieder andere wollen allein sein und die „schlaffe Socke" machen. Was auch immer es ist, was dir hilft, dich locker zu machen, finde es heraus und baue es gezielt als Ritual in dein Leben ein.

Als ich noch ein Teenager war, kannte ich einen Typen, einen kleinen Italiener oder Araber – man nannte ihn Mimo – mit schwarzen, wild gelockten Haaren, Dreitagebart und einer Nickelbrille im Gesicht. Er trug meistens Jeans und eine schwarze Motorrad-Lederjacke. Sein Markenzeichen: immer ein breites Grinsen im Gesicht. Keiner wusste so genau, was er eigentlich machte. War er arbeitslos oder Gelegenheitsstudent? War er ein harmloses Lämmchen oder ein mit allen Wassern gewaschener Drogendealer? Es gab

Leute, die hatten mit ihm schon mal einen Joint geraucht, erzählten sie jedenfalls. Es existierten keine Fakten, aber in der Gerüchteküche ging es heiß her. Ich weiß gar nicht mehr, woher oder warum ich Mimo überhaupt kannte. Ich weiß nur noch, dass jeder aus unserer Kleinstadt ihn irgendwie kannte. Wenn man Mimo auf der Straße traf, fragte er meistens: „Wie geht's?" Fiel die Antwort mürrisch aus oder irgendwie problembeladen, dann zog er spontan die Schultern bis an die Ohren, streckte die Arme aus, setzte sein breitestes Grinsen auf und antwortete mit hoher Stimme, witzigem Akzent und langgezogenem A: „Ist doch egaaaaal!" „Wetter ist heute nicht so gut!" „Egaaaaal!" / „Ich hab den blöden Bus verpasst!" „Egaaaal!" / „Der Idiot hat mir schon wieder eine Fünf in Mathe gegeben!" „Egaaaal!" Dieses „Egal" kam immer und so ziemlich bei jeder Gelegenheit, sodass es eigentlich schon fast hätte nerven müssen. Aber wenn du in seine lustigen Augen gesehen hattest, in dieses Gesicht mit den Lachfältchen und den bis zum Haaransatz gezogenen Mundwinkeln, dann hattest du keine Chance mehr, betrübt zu sein oder ein langes Gesicht zu machen.

Also, wenn es in deinem Leben mal nicht so gut läuft oder vielleicht sogar knüppeldicke kommt, dann denk daran, dass nach jedem Tal auch wieder ein Berg kommt. Wenn es Dinge gibt, die du ändern kannst, um dich wieder wohler zu fühlen, dann ändere sie. Sollten diese Dinge nicht änderbar sein, dann versuche, sie zu akzeptieren. Mach dich locker heißt auch, nicht immer alles bierernst zu sehen und manche Dinge leicht zu nehmen. Nicht alles im Leben lässt sich planen und vordenken, versuche das Leben spielerisch zu betrachten. Meine Mutter sagt gern: „Ett kütt, wie ett kütt!"

Mull: „Ich, mein Freund, bin ein verdammt altes und faltiges Kummerwürstchen, dessen Augen schon viel gesehen haben – das Schöne und das Leid. Ich glaube fest daran, dass es egal ist, wer du bist oder woher du kommst. Dein Glück hängt einzig und allein davon ab, was du denkst! Ich denke, dass du ein verdammt junges Knackwürstchen bist. Und wenn du dir die richtigen Gedanken machst, dann wirst du dich glücklich fühlen. *‚Jugend ist Trunkenheit ohne Wein!'*, hat schon Goethe gesagt. Wie schön muss es sein, leicht beschwipst – ohne einen Tropfen getrunken zu haben – auf dem Pfad der Glückseligkeit zu wandeln!"

Quellennachweise und Literaturtipps

Rosie und die Mulle
(Ein Film von Herbert Oswald,
aus der Reihe „Wunderbare Welt)
ZDF Doku
August 2009

Pinguingeschichte oder
Wie man sich in seinem Element fühlt
Dr. Eckart von Hirschhausen
www.hirschhausen.com

Die Hummel
99 Metaphern, die dem Leben Flügel verleihen
Christian Tschepp + Susanne Schinagl
Verlag Junfermann

Der Glücks-Faktor
Warum Optimisten länger leben
Martin E.P. Seligman
Verlag Bastei Lübbe

Glücklicher
Lebensfreude, Vergnügen und Sinn finden
Tal Ben-Shahar
Verlag Riemann

Indianische Weisheiten
Herausgegeben von
Jean-Paul Bourre
Verlag dtv

Sorge dich nicht – lebe!
Die Kunst, zu einem von Ängsten und Aufregungen befreiten Leben zu finden
Dale Carnegie
Verlag Fischer

Eigenlob stimmt
Erfolg durch Selbst-PR
Sabine Asgodom
Verlag Econ

Lebe deine Stärken!
Wie du schaffst, was du willst
Jörg Löhr mit Ulrich Pramann
Verlag Econ

Weck den Sieger in dir!
In 7 Schritten zur dauerhaften Selbstmotivation
Alexander Christiani
Verlag Gabler

Mentales Training
Grundlagen und Anwendung in Sport, Rehabilitation, Arbeit und Wirtschaft
Jan Meyer + Hans-Dieter Hermann
Verlag Springer

Die 6 Säulen des Selbstwertgefühls
Erfolgreich und zufrieden durch ein starkes Selbst
Nathaniel Branden
Verlag Pieper

Wer bin ich und wenn ja, wie viele?
Eine philosophische Reise
Richard David Precht
Verlag Goldmann

Glück!
Eine etwas andere Gebrauchsanweisung
Wolf Schneider
Verlag Rowohlt

Durchstarten zum Traumjob
Das ultimative Handbuch für Ein-, Um- und Aufsteiger
Richard Nelson Bolles
Verlag Campus

Soziale Intelligenz
Wer auf andere zugehen kann, hat mehr vom Leben
Daniel Goleman
Verlag Droemer/Knaur

Schulfach Glück
Wie ein neues Fach die Schule verändert
Ernst Fritz-Schubert
Verlag Herder

Anleitung zum Zukunftsoptimismus
Warum die Welt nicht schlechter wird
Matthias Horx
Verlag Campus

Gestatten: Elite
Auf den Spuren der Mächtigen von morgen
Julia Friedrichs
Verlag Heyne

Sei du selbst, alle anderen sind schon vergeben
Mike Robbins
Verlag mvg

Selbstbild
Wie unser Denken Erfolge oder Niederlagen bewirkt
Carol Dweck
Verlag Pieper

Natürlich erfolgreich
Heidi Klum mit Alexandra Postman
Verlag Fischer

Psychologie Heute
36. Jahrgang Heft 12
Beltz

Psychologie Heute
37. Jahrgang Heft 1
Beltz

Geo Kompakt
Die Grundlagen des Wissens Nr. 20
Gruner + Jahr

Geo Wissen
Die Welt verstehen Nr. 43
Gruner + Jahr

Der Spiegel
Spezial Nr. 1
Spiegel-Verlag Rudolf Augstein

Tipps/Stärkentests

Test Martin E.P. Seligman
www.authentichappiness.org

Test in Deutsch (kostenfrei)
Universität Zürich
Persönlichkeitspsychologie
www.charakterstaerken.org

Richard Nelson Bolles
Durchstarten zum Traumjob
Das Workbook
Verlag Campus

Lebe deine Stärken!
Jörg Löhr + Ulrich Pramann
Verlag Econ

Youngworld
Institut für Begabungsanalyse
www.youngworld.de
Kostenpflichtiger Kompetenzcheck

MIX
Papier aus verantwortungsvollen Quellen
Paper from responsible sources
FSC® C105338

Printed by Books on Demand GmbH, Norderstedt / Germany